HEYNE FILM- UND FERNSEHBIBLIOTHEK

Eric Shangai

MADONNA

PORTRÄT EINES SUPERSTARS

Deutsche Erstausgabe

WILHELM HEYNE VERLAG
MÜNCHEN

HEYNE FILM- UND FERNSEHBIBLIOTHEK
32/156

Herausgeber: Bernhard Matt
Redaktion: Cornelia Zumkeller

Titel der Originalausgabe
MADONNA
Aus dem Französischen von Ulrike Bossert

2. Auflage

Printed in Germany 1991
Umschlagfoto: Inter-Topics/Alpha, Hamburg
Rückseitenfoto: Keystone Pressedienst, Hamburg
Innenfotos: Copyright © Editions Albin Michel S. A., 1989;
Archiv Lothar Just, München
Satz: Fotosatz Völkl, Puchheim
Druck und Verarbeitung: Ebner Ulm

ISBN 3-453-04932-2

Inhalt

Vorwort

Alexis ist einer von denen, die ihre Ehre darein setzen, über alle alles zu wissen, und das natürlich vor allen andern!

»Das Mädchen heißt Madonna ... sie ist vor kurzem bei Sire erschienen, dem Label der Talking Heads ...«

Der Name sagte mir nichts, aber damals, ganz am Anfang der achtziger Jahre, war Sire bereits ein Begriff. Die gelben Etiketten der unabhängigen Plattengesellschaft von Seymour Stein, die auf den Platten der Ramones und der Talking Heads klebten, drehten sich regelmäßig auf unseren Plattentellern. Kein Zweifel, Sire, das war New York, die Creme, die Spitze, das aufregende Aushängeschild der intensiven schöpferischen Aktivität, die man im Big Apple zwischen CBGB, Danceteria, Mudd Club und Ritz vermutete, all diesen Clubs, bei denen man nie sicher sein konnte, ob sie noch existierten oder überhaupt je außerhalb unserer Träume als zaghafte, aber hartnäckige Fans des New Yorker Rock existiert hatten. Wir wußten nicht mehr so genau, woran wir eigentlich waren, damals, zwischen dem langsam zu Ende gehenden ursprünglichen Punk und dem New-Wave-Rock, bei dem man sich fragte, ob er sich überhaupt halten würde, um so mehr, als er eine eher vage Angelegenheit war. *Anyway* – ein Künstler, der bei Sire rauskam, hatte jede Aussicht, uns zu »packen«, ohne daß wir so recht wußten, warum.

Nur, daß das hier schon im voraus ein Flop zu werden schien! Denn all die Leute, die sich an diesem merkwürdigen Ort versammelt hatten, waren eigentlich nicht gekommen, um sich von den Darbietungen einer kleinen, unbekannten Künstlerin, die sich da eine knappe Viertelstunde lang als Programmfüller produzieren würde, übermäßig strapazieren zu lassen. Die Fete war von Fiorucci, dem König des italienischen Prêt-à-porter, organisiert worden und fand im Schatten des Löwen von Denfert-Rocherau, an einem unglaublichen Ort im 14. Arrondissement statt. Das riesige, mehrstöckige

Haus war in ein gigantisches, unterirdisches Fitneß-Center umgewandelt worden, einen jener lächerlichen, protzigen Tempel des Formenkults der Eighties, mit Aerobic-Studios, chromglänzenden Foltermaschinen, an denen Yuppies in fluoreszierenden Klamotten Gewichte stemmen sollten, und all diesem Zeug. Um die bevorstehende Eröffnung des Etablissements zu feiern (existiert es eigentlich noch?), hatte man eine dieser Partys organisiert, zu denen *tout Paris* hinströmte, das sich für *in* hielt. Das waren Zeiten, wo Feten diesen Namen noch verdienten: Man langweilte sich tödlich, aber niemand hätte das zugegeben, nicht einmal unter der Folter. An das magische Stück Pappe kam man auf geheimnisvollen Wegen, und nach dem traditionellen Gerangel am Eingang befand man sich mit einer gewissen Anzahl von Leuten, vielleicht hundert oder zweihundert, an einem merkwürdigen Ort, wo man nichts anderes zu tun hatte, als zu versuchen, irgend jemanden zu entdecken, den man kannte, um sich in ein aufregendes Gespräch zu flüchten, im Stil: »Die Fete hier ist tote Hose, hast du nicht 'ne Idee für morgen abend?« Studenten, Jungs und Mädchen aus gutem Hause, Journalisten,

Presseattachés, Bonzen aus dem neuen Showbiz, Rockmusiker, die bei Insidern einen Ruf hatten, Maler, die noch nicht entdeckt waren, Lehrlinge aus der Modebranche, alle möglichen Leute aus der feinen Gesellschaft, die Fauna der Nachtclubs, alles war da, um sich möglichst geschickt zur Bar durchzukämpfen und ein Glas lauwarmen, billigen Sekt zu ergattern, der so lange wie möglich reichen mußte, damit man eine der eigenen Anwesenheit an diesem Ort würdige Haltung einnehmen konnte. So achtete auch kaum jemand darauf, als in einer Ecke des riesigen Saales, ohne Vorankündigung und mitten in der Menge, die von zwei oder drei Ordnungsleuten zur Seite gedrängt wurde, vier Leute auftraten, die sich ganz anders benahmen; man gab sich wie jemand, der bereits alles gesehen und gehört hat und den nichts mehr anmachen kann.

Es waren zwei Tänzer und eine Tänzerin in engen Strumpfhosen und weiten, ausgeschnittenen Nullachtfünfzehn-Sweatshirts. Madonna stand vorn, in derselben Aufmachung, die Haare in den Augen, geschmückt mit ein paar glitzernden Armbändern und dazu passenden Halsketten. Sie tanzte mit verzweifelter Energie, schwang wild die Hüften, sprang in die

Luft und wirbelte herum, daß einem schwindlig wurde. In der einen Hand hielt sie ein Mikro, in das sie mit mechanischer Stimme ein paar Lieder sang, die nach Diskomusik klangen, nichts Besonderes. Kein einziges Mal konnte man ihr Gesicht erkennen, das bei der zügellosen Tanzerei dauernd von ihrem Haar gepeitscht wurde. Die Show dauerte nicht lange, die Neugierigen, die sich in ein paar Reihen zusammengedrängt hatten, verliefen sich bald; und auf alle Fälle beherrschte sie damals nur eine Handvoll Lieder – im Playback. Sie verschwand mit ihren Tänzerfreunden, wie sie gekommen war.

Wie viele von all den Leuten, die an jenem Abend dabei waren, erinnern sich oder wissen überhaupt, daß sie die allerersten Anfänge des Weltstars miterlebt haben, der die achtziger Jahre symbolisiert und der so schneidig und kraftvoll in die neunziger geht, daß er mit aller Ruhe in eine goldene Zukunft blicken kann. Ich sah Madonna erst sehr viel später wieder. Sie startete in den USA eine aufsehenerregende Karriere, indem sie zuerst die Tanzmusik-Charts, die normalerweise den schwarzen Musikern vorbehalten waren, eroberte und sich dann rasch in den Popmusik-Sendungen breitmachte. Von diesem wachsenden Erfolg hatte jedoch weder Frankreich noch ein anderes europäisches Land etwas mitbekommen. Madonna war nichts weiter als jemand, der an der Ostküste Amerikas ein bißchen Erfolg hatte, nichts, worauf die Medien hätten reagieren müssen. Dennoch schickte ihre Plattenfirma sie im Glauben an das Versprechen, das sie bereits verkörperte, auf eine kurze, verkaufsfördernde Tournee durch den alten Kontinent. Zufällig sah ich sie eines Nachmittags, wie sie vor dem unpassenden Hintergrund eines Gartens das Playback ihres späteren Hits nachsang: Sie war von einer Arroganz und Selbstsicherheit, die viel über ihren Siegeswillen verrieten, ihren Willen, so rasch wie möglich diese Galeerenarbeit hinter sich zu lassen. Schon deshalb trat sie in einer Nachmittagssendung des französischen Fernsehens auf, dem Archetyp einer mittelmäßigen Talkshow, wo jeder hingeht, um seine Schallplatte, sein Buch, seinen Film

oder sein Kochrezept an den Mann zu bringen, wobei er sich an eine Ansammlung von Müßiggängern und alten Menschen wendet, die genau das Gegenteil der gesuchten Zielgruppe darstellen! Die Anwesenheit des aufstrebenden Stars aus New York in Paris hatte auf die Gesamtheit der Pariser Presse keinerlei elektrisierende Wirkung, und ich glaube, ich war der einzige, der mit einem Interview einverstanden war. Gerade noch rechtzeitig. Bald sollte für einen französischen Journalisten die Begegnung mit der Frau, deren Ruf sich immer weiter ausbreitete, nicht mehr möglich sein, weil sie der »exotischen« Presse nur sehr eingeschränkt zur Verfügung stand!

Später, im Laufe der Jahre, hatte ich Gelegenheit, einige von Madonnas Weggefährten zu interviewen: Steve Bray, der am Anfang bei ihrer ersten Gruppe mit dabei war und der später viele ihrer Erfolge komponiert hat; Jean-Baptiste Mondino, der einen ihrer denkwürdigsten Clips für sie drehte; Jellybean Benitez, den genialen DJ und Mixer, der ihr in den Sattel half, indem er ihre ersten Anfänge produzierte, und der nebenbei noch die schwierige Rolle des offiziellen Freundes spielte. Ausnahmslos alle haben durchblicken lassen, daß sie grenzenlose Bewunderung und ungebrochene Zuneigung für die hegen, die sie in ihrer grenzenlosen Erfolgsbesessenheit oft schamlos ausgenutzt hat.

Diese ungeheure Verführungskraft strahlt Madonna auch heute noch, nach über zehn Jahren, aus. Von den düsteren Randzonen des New Yorker Underground bis zum Weltstar hat sie nie etwas anderes gesucht, als ihr Bedürfnis zu stillen, geliebt, respektiert, beneidet und sogar verabscheut zu werden, Hauptsache, man stand ihr nicht gleichgültig gegenüber. Schon als sie ganz klein war ...

Born in Michigan

Bay City, Michigan, nördlich von Pontiac, das selbst eine Satellitenstadt des amerikanischen Automekkas Detroit ist. Eine Industriegroßstadt, eine Welt aus grauen Vororten, die sich um ein großes Projekt aus den Anfängen dieses Jahrhunderts drängen: das Automobil. General Motors, Ford, Chrysler, die drei großen Konzerne, und die lange Liste ihrer Produkte: Cadillac, Chevrolet, Mercury, De Soto, Lincoln, Plymouth, Buick, Oldsmobile – eine Litanei, die einige Millionen Menschen im Staat Michigan mehr oder weniger gut leben läßt. Bay City am Rand der Saginaw Bay ist eine der düsteren Vorstädte. Hier ist im städtischen Standesamt unter dem 16. August 1959 ein Mädchen eingetragen, dessen Namen der Vater mit Madonna Louise Ciccone angegeben hat. Madonna ist der Vorname ihrer Mutter, und der Nachname deutet an, daß man es mit einer Familie italienischer Einwanderer zu tun hat, die die Traditionen ihrer Vorfahren in Ehren hält.

Bay City, Pontiac, Rochester, Ann Arbor – die Stadt Detroit besteht aus einer Anzahl von Vororten, die den Rahmen für Madonnas Kindheit und Jugend abgeben. Ihr Vater arbeitet in der Automobilindustrie, vor allem bei Chrysler, wie die meisten Bewohner der Region. Das Familieneinkommen ist nicht umwerfend, besonders, wenn man acht Kinder zu ernähren hat! Fünf Brüder stehen vor Madonna im Familienstammbuch. Sie selbst ist die älteste der drei Schwestern. Im Schoß dieser einträchtig zusammenlebenden Familie verlebt Madonna Louise eine normale Kindheit. Aber als sie sechs Jahre alt ist, zerstört ein Drama dieses beinahe idyllische Bild: Die geliebte Mutter des zukünftigen Stars stirbt an Brustkrebs. Von da an schafft sich Madonna eine eigene Welt, indem sie versucht, ihre Mutter in sich selbst wiedererstehen zu lassen. Heute noch gesteht sie, daß sie oft mit ihr spreche. Madonna wird die »Mama« in der Familie, weil sie die erste in

der Reihenfolge der weiblichen Ciccones ist. Sie nähert sich ihrem Vater an, für den sie eine ungeteilte Liebe empfindet. Er taucht in der Karriere der Sängerin oft auf: Sie widmet ihm ihr erstes Album und läßt sein Bild in zahlreichen Liedtexten ebenso wie in ihren Clips erscheinen.

Doch Dad begeht ein »Verbrechen«, das zu einem Bruch in ihrer Verehrung führt, als er zwei Jahre später beschließt, sich wieder zu verheiraten, und zwar ... mit der Putzfrau! Die achtjährige Madonna kommt mit der neuen Situation kaum zurecht.

»Es fiel mir wahnsinnig schwer, das Wort ›Mama‹ über die Lippen zu bringen, doch sie und auch mein Vater wollten, daß ich sie so nenne.«

Sie muß anderswo die Aufmerksamkeit suchen, die sie zu verdienen glaubt. In der Schule, auf der Straße, bei den Jugendlichen auf den Partys. Das Mittel, das sich ganz natürlich dazu anbietet, ist die Entwicklung ihrer künstlerischen Fähigkeiten. Die Familie Ciccone lebt in einem musikalischen Ambiente, alle fünf Brüder spielen ein Instrument und hören Rockmusik, wie das für einen Durchschnittsamerikaner im Vorstadtmilieu ganz normal ist. Aufgrund von drei aufeinanderfolgenden Umzügen besucht Madonna nacheinander drei Schulen: St. Andrews, St. Frederick und The Sacred Heart Academy; alle sind natürlich religiöse Einrichtungen mit eher strenger Disziplin und im traditionellen Rahmen, geeignet, den Erziehungsgrundsätzen einer italienischstämmigen Familie gerecht zu werden. Zwischen Schwestern, Weihrauch und Kruzifixen verbringt Madonna eine Schulzeit ohne besondere Vorkommnisse. Aber durchdrungen von diesem Ambiente, bleibt ihre Faszination für Kruzifixe, natürlich aber auch für die strenge moralische Ordnung in ihren veralteten, vom Alten Kontinent überkommenen Schattierungen erhalten, auch wenn sie der offenherzigen, unverhüllt auf Sex eingestellten Persönlichkeit, zu der sie später wird und die bereits in ihr gärt, so diametral entgegenstehen. Sehr früh wird Madonna vom Tanzdämon gepackt. Das trifft sich gut, sie ist dafür begabt. Es handelt sich dabei nicht um klassischen Tanz, zaghafte Entrechats und raschelnde Tutus, sondern um modernen Tanz, der den Körper lebendig werden, das Herz vibrieren läßt und eine sinnliche Verbindung zur modernen Musik herstellt.

Detroit ist seit einem Jahrhundert für sein Industrieimperium berühmt. In der amerikanischen Automobilherstellung nimmt es eine Monopolstellung ein. Aber auch im künstlerischen Bereich hat sich die Stadt einen Namen gemacht. Man denke an den Weltruhm von Tamla-Motown, dem Plattenlabel von Berry Gordy, dessen Büros gar nicht so weit vom Haus der Ciccones entfernt lagen und dessen ruhmreiche Zeit sich über ein gut Teil der sechziger Jahre erstreckte, in denen Madonna heranwuchs. Die Schar der schwarzen Künstler, Mädchen und Jungs, solo oder in Vokalgruppen, hat mit Sängern vom Kaliber der Supremes, der Temptations, der Four Tops, einer Diana Ross, eines Marvin Gay oder der Jacksons die Hitparaden völlig beherrscht. Madonnas Kindheit war überflutet von all diesen Songs, deren hauptsächlicher Erfolg auf einem Feeling, einem Rhythmus beruhte, die zum Tanzen animierten. Zu dieser Zeit verkündet Madonna zum Leidwesen ihres Vaters überall, daß sie lieber schwarz sein wolle, daß ihr Herz im Rhythmus der Soul- und Funkmusik schlage. Und dann ist Madonna außerhalb der Zwangsjacke der strengen katholischen Schulen immer noch ein Kind der Arbeitervorstadt, und sie ist eine von denen, die Partys organisieren, wo Weiße, Schwarze, Gelbe – alles Kinder derselben benachteiligten Viertel – sich amüsieren und tanzen, ohne Probleme mit ihrer Hautfarbe oder Rasse.

Sie ist schon verdammt keß, die kleine Ciccone, so keß, daß sie 1972 ihre Künstlerkarriere beim Film mit einer »Spezialszene« in einem Super-8-Film beginnt, bei dem ein Klassenkamerad Regie führt: Man sieht darin, wie das heißblütige junge Mädchen auf seinem Bauch ein Spiegelei brät! Damals schon der Nabel der Welt! Wie viele amerikanische Mädchen, die am Schulleben teilnehmen, macht sie bei den Cheerleadern mit, jenen pittoresken Pom-pom-girls, die in bunten Uniformen Beifall klatschen und mit wildem Geschrei und anderen Zeichen von Begeisterung die Sportmannschaft ihrer Schule anfeuern. An der Adams High School von Rochester ist sie Mitglied der Adams Thespian Society, ein vornehmer Begriff, der den Theaterclub des Gymnasiums bezeichnet. *Dead of the Moon* heißt das erste Stück, in dem sie bei der Jahresfeier auf der Bühne steht.

Nach ihrem Abschlußexamen schreibt sich Madonna, die nur noch daran denkt, ihren Weg mit dem Tanz zu machen, am Dance Department der Universität von Michigan ein. Der Campus befindet sich in Ann Arbor, einem anderen schmutzigen Vorort von Detroit, der dafür berühmt ist, daß er dem Rock'n'Roll Iggy Pop und die Stooges, die Vorläufer des Hardrock und des Punk, beschert hat. Übrigens trägt Madonna zur damaligen Zeit einen Punk-Look zur Schau, mit dem sie der Welt ihr Anderssein entgegenschleudern kann:

Sie ist ein richtiges »bad girl«, schrill, zügellos, verrückt nach Unabhängigkeit, frech und nur an ihrem Erfolg interessiert. Zur gleichen Zeit verschafft sie sich den Ruf, »hot« zu sein, ein Mädchen, das vor Sexualität brennt. Später enthüllt ein Mitglied der New Yorker Rap-Gruppe Beastie Boys, daß es ihre Spezialität gewesen sei, die Kleineren in der Schultoilette aufzuklären! Aber sie pfeift auf ihren Ruf. In ihrem Kopf ist Madonna bereits ein Star. Das sagt ihr auch ihr Tanzlehrer, Christopher Flynn, immer wieder; er ist restlos begeistert von ihr, nicht nur, weil sie eine gute Tänzerin ist, sondern vor allem, weil er etwas Besonderes in ihr sieht. Eine Kraft, eine Aura, die, denkt er, die Welt begeistern müßte. Er spricht auch ständig mit ihr über New York, dem obligatorischen Mekka aller Tänzer mit der Sehnsucht nach »fame«.

In dieser Zeit begegnet sie einem Jungen, der bei ihrem Abenteuer eine große Rolle spielen wird. Steve Bray, ein großgewachsener Mestize, ist Musiker, Schlagzeuger in verschiedenen Lokalbands, aber er hat auch einen Job als Kellner beim Blue Frogge, einem Nachtclub der Universität, wo sie abends oft zum Tanzen hingeht.

»Zum ersten Mal in meinem Leben hab' ich einen Typ gefragt, ob er mir einen ausgibt!«

Steve Bray ist schön, verführerisch, brillant, und vor allem bietet er die Sicherheit des quasi schon etablierten Musikers. Die Affäre dauert nur kurze Zeit, aber der Entschluß ist gefaßt, gegen den Willen des Vaters und ihrer Umgebung: Madonna verläßt die ruhige Bequemlichkeit der Universität, das triste Ambiente der Vorstadt, den düsteren Film mit den immer gleichen Straßen, den langen Reihen von »shopping malls«, Tankstellen, Autohändlern, Baseballstadien und Fastfoods, um das Abenteuer zu suchen. Adieu, Kindheit, trautes Heim, stille Komplizenschaft mit den Geschwistern. Adieu, versperrte Zukunft. Über eine Bande von Unifreunden zu herrschen ist ja ganz nett, aber es genügt ihr nicht mehr. Sie muß aufbrechen ins Gelobte Land, in die Stadt der

Scheinwerfer, als eine der zahlreichen Emigrantinnen, die im Big Apple landen und deren ganzes Gepäck aus ihren Illusionen und ihrer Entschlossenheit besteht, ein Superstar zu werden.

Times Square, an einem frostigen Tag im Jahre 1978. Zwei Schritte entfernt von der üblen 42. Straße mit ihren Peepshows, Sexshops, Pornokinos und Heroindealern. Times Square, die Kreuzung der Initiation, wo sich ein junges Mädchen aus der Provinz mit nur 35 Dollar im Portemonnaie und einer alten Reisetasche unter dem Arm von einem Fremden ansprechen läßt.

»Weißt du schon, wo du heute nacht schläfst, Kleine?«

»Nein.«

»Dann komm mit mir.«

Und sie geht mit …

Das Elendsviertel

Überleben! New York ist eine anspruchsvolle Geliebte für die Anwärter auf den Ruhm. Alles ist dort möglich, doch alles ist dort auch härter, teurer, gefährlicher ... Und dann ist man auch immer einsam in einer Stadt dieser Größe. Madonna will sich von der Falle, in die sie kopfüber hineingesprungen ist, nicht verschlingen lassen. Sie ist gekommen, um zu tanzen, um den Sphären, wo »es« abläuft, so nah wie möglich zu kommen. Sie hat ein hohes Ziel vor Augen, das höchste: die weltberühmte Tanzgruppe von Alvin Ailey. Um sich zu diesem hermetisch abgeschlossenen Milieu, wo die Plätze rar und die Anwärter zahllos sind, Zutritt zu verschaffen, muß man geschickt vorgehen. Und genau das tut sie während eines sechswöchigen Seminars in der Duke University von Durham, North Carolina. Das ist eine Art Eignungstest für die Tanztruppe von Alvin Ailey, der von Pearl Lang, einer ebenfalls renommierten Choreographin, assistiert wird. Beim ersten Vortanzen zeigt sich Miß Ciccone mit einer der Szenen, die ihr Geheimnis sind, von ihrer vielversprechendsten Seite.

Großsprecherisch baut sie sich vor dem Tisch der Jury auf und richtet folgende Worte an sie:

»Hallo, ich will mit Pearl Lang arbeiten, weil ich gesehen habe, wie sie arbeitet, und weil es nichts Besseres gibt. Ich habe nicht die Absicht, mit irgend jemandem sonst zu arbeiten!«

Eine derartige Ansprache verschafft einem normalerweise die Aussicht, vor die Tür geworfen zu werden, um so mehr, als sie sich, ohne es zu wissen, mit diesen entschlossenen Worten an Pearl Lang selbst gewendet hat, deren Gesicht sie nicht kennt. Dennoch ist die Jury von Madonnas Charakter, aber auch von ihren Qualitäten als Tänzerin, beeindruckt, und sie ist eine der zehn auserwählten Tänzerinnen, die die Alvin Ailey Company vervollständigen dürfen. Das Allerheiligste öffnet sich, sie ist in New York, und sie darf die am höchsten

bewerteten Kurse der Stadt besuchen. Nach zwei Jahren gewissenhafter Teilnahme beeindruckt sie alle, die in ihre Nähe kommen. Es geht eine Willenskraft, eine Selbstsicherheit, eine Kraft von ihr aus, die niemanden unberührt lassen. Sie ist leidenschaftlich bei der Arbeit, und Schwierigkeiten können

sie niemals entmutigen. Eine Zeitlang ist sie sogar Pearl Langs Assistentin.

Überleben! Eine Karriere als Tänzerin zeichnet sich für das Mädchen aus Michigan immer deutlicher ab: Bei Ailey zu tanzen war ein beinahe unerfüllbarer Traum gewesen. Ein Teil des Weges ist bereits zurückgelegt, aber in der Zwischenzeit muß man irgendwo wohnen, essen und die Kurse bezahlen. Und wenn man völlig abgebrannt ist, 19 Jahre alt ist und niemanden kennt, hat man keine Wahl. Madonna beginnt eine lange Reihe von Gelegenheitsjobs als Kellnerin bei Dunkin' Donuts, gegenüber dem großen Kaufhaus Bloomingdale's. Eine Welt zwischen Tanz und fettigen Krapfen. That's New York ...

Die Lower East Side ist das typische verkommene Viertel, die dunkle Seite der Stadt, Elendsquartiere, besetzte Häuser, Slums, Dreck und ein Gefolge von ärmlichen und schmutzigen Gestalten: Dealer, Dirnen, Heruntergekommene aller Art, der Ausschuß der kapitalistischen Gesellschaft, halten sich dort vor einer Weltuntergangskulisse gerade so über Wasser. In der 4th Street East 232 findet Madonna eine Bude. Einen Winkel, wo sie ihre Tasche ablegen und sich von den Anstrengungen erholen kann.

»Als mein Vater mich besuchen kam, war er entsetzt, überall hingen Typen rum, in der Eingangshalle waren Penner, und es roch muffig!«

Madonna lernt schnell. Anfang 1979 ist sie ein echtes New Yorker Girl, sie hat die Weisheit der Straße erlangt, die einzige, die in New York zählt, die es einem erlaubt, sich Respekt zu verschaffen und zu verhindern, daß man unter dem schrecklichen Druck der Stadt zermalmt wird. Gleichzeitig begreift sie, daß ihre Zukunft in der Alvin Ailey Company nicht so brillant ist. Sie ist nicht die erste auf der Liste, und wenn sie unter diesen Bedingungen nicht mindestens fünf Jahre auf Teufel komm raus weiterarbeitet, wird sie nie erleben, welche Befriedigung einem internationale Tourneen und Shows auf dem Broadway verschaffen. Es wird ihr klar, daß sie sich anderswo umsehen, eine Abkürzung zum Ruhm finden muß.

Wie die meisten Tänzer geht sie viel aus, verbringt die Nächte in den Clubs und frequentiert das geschlossene Milieu

der Nachtschwärmer: Maler, Schauspieler, Musiker, alle unbekannt, aber überzeugt, es nicht mehr lange zu sein. Und da sie sich mehr auf der Straße als in den Kunstgalerien herumtreibt, gerät sie natürlich ins Milieu der Graffiti-Künstler; die Hip-hop-Bewegung ist damals schon das Heißeste, was der New Yorker Untergrund zu bieten hat, und unter Schwarzen und Puertoricanern, aus denen sie besteht, fühlt sie sich wohl, weil eine Art Seelenverwandtschaft sie miteinander verbindet. Wie all ihre Freunde geht Madonna nie aus, ohne einen dicken Marker in die Tasche zu stecken und manchmal sogar eine Sprühdose mit Acrylfarben mitzunehmen, und sie macht »tags«, schreibt ihren Namen auf die Mauern der Stadt, die Wände der Metro, denn die Stadt zu signieren, das heißt zu beweisen, daß man existiert, daß man jemand ist, der zählt. Und sie zählt, zumindest für ihresgleichen, die in den erbarmungslosen Vierteln der nächtlich-lebendigen Stadt umherirrenden Rebellen. Ihr augenblicklicher Freund ist einer der Anführer der Bewegung: Norris Burroughs, ein farbiger Riese. Er ist der König der graffitigeschmückten T-Shirts, einer derjenigen, die dafür sorgten, daß der Underground in die Kunstgalerien kam, von den Mauern in die stinkvornehmen Ausstellungen für Yuppies, die in die Kunst investieren wollen. Madonna und Norris leben ein paar Wochen zusammen, dann trennen sich ihre Wege in aller Freundschaft. Er hat ein anderes Mädchen gefunden, und sie ist nicht der Typ, der sein Schicksal beklagt, und dann hat er ihr auf einer Party einen seiner Freunde vorgestellt, dessen Vorzüge er in höchsten Tönen gelobt hat: Dan Gilroy.

Dan ist genau der Typ des New Yorker Allroundkünstlers: Er singt, er spielt Gitarre, er komponiert, er schreibt, er malt; und wenn er noch keine Videos macht, dann nur, weil das damals noch nicht üblich ist! Mit seinem Bruder Ed hat er eine Show aufgezogen, etwas Komödiantisches im Kabarettstil: »The Bil and Gil Show«. Dan und Madonna haben natürlich eine Liaison. Sie macht ihn mit ihrer gesunden Sexualität an, er sie mit seinen künstlerischen Fähigkeiten. Außerdem versteht er sie, begreift, daß ihr Bedürfnis sich auszudrücken echt und ernsthaft ist. Madonna wird also seine Braut und erfüllt sein Loft, eine ehemalige Synagoge in Queens, wo sie einige

Wochen mit ihm lebt, mit fieberhafter Aktivität. Sie fängt an zu singen, probiert die vorhandenen Instrumente aus, und nach und nach reift in ihr der Gedanke, daß die Musik der Weg ist, den sie einschlagen muß. Die übrige Zeit, wenn überhaupt welche übrig ist, gibt es ständig Feten mit den Freunden der Gilroys. Aber weil man den Sinn für die Wirklichkeit und das Alltägliche nicht verlieren darf, rennt Madonna von einem Vorstellungstermin zum anderen: Tanz, Theater, Film. Alles, was ihr die Möglichkeit verschaffen könnte, ein paar Dollar zu verdienen und schnell zu Ruhm zu gelangen, muß in Betracht gezogen werden. Sie posiert sogar ein paarmal einem Fotografen für künstlerische Nacktfotos. Schwarzweißfotos, auf denen sie sich in ihrer ganzen südländischen Sinnlichkeit darbietet; wie durch ein Wunder erscheinen sie später auf der ersten Seite der Magazine *Playboy* und *Penthouse,* die ganz aufgeregt waren, daß sie da Bilder hatten, nach denen die ganze Welt verlangt: der nackte Star! Nach einem der Vorstellungstermine ergibt sich etwas Neues für Madonnas Werdegang: die Pariser Zeit. Zwei französische Produzenten namens Pellerin und Van Lieu haben mit dem von dem etwas bläßlichen Patrick Hernandez gesungenen und millionenfach in alle Welt verkauften Schallplattentitel »Born to Be Alive« einen triumphalen Coup gelandet. Der Song soll auch weiterhin ausgebeutet werden, wobei man für seine Präsentation bei Galas und im Fernsehen eine etwas rasantere Version im Auge hat. Da Patrick Hernandez auf der Bühne nicht unbedingt super ankommt, wollen ihm seine Mentoren ein paar Tänzer im aktuellen – das heißt New Yorker – Rebellenlook zur Seite stellen. Beim Casting zieht erst die Reihe der üblichen Vertragsjäger vorüber, dann kommt Madonna. Die beiden Franzosen finden sie umwerfend, und sie beschließen, aus ihr einen Star zu machen. Um so mehr, als der Stern von Hernandez unterzugehen beginnt. Sie wollen sich ganz Madonna widmen, schreiben für sie den Song »She's a Real Disco Queen« und nehmen sie mit nach Paris.

In der Ville-Lumière wird die kleine Göre aus Michigan,

der Künstlerlehrling aus den New Yorker Elendsvierteln, zum Star eines Hollywood-Films. Man bietet ihr ein Luxus-Apartment, eine Limousine mit Chauffeur, Gesangsstunden, unbeschränkten Kredit in den besten Modegeschäften und soviel Taschengeld, wie sie will. Sie ist in einem Teufelskreis von vornehmen Restaurants, Soireen in der feinen Gesellschaft und privaten Clubs gefangen, der Champagner fließt in Strömen, die beiden Produzenten sind so stolz, daß sie ostentativ die Millionen, die ihnen »Born To Be Alive« eingebracht hat, draufmachen, und auch stolz darauf, daß sie an den elegante-

sten Orten ein Phänomen vorführen können, das sie aus der New Yorker Gosse herausgefischt haben!

Der zukünftige Star legt angesichts dieser Zurschaustellung leichtverdienten Geldes die einzig gesunde Haltung an den Tag: Sie pfeift drauf. Sie ignoriert hochmütig die langweiligen Playboys, die man ihr vorstellt, und verschwindet lieber aus ihrem goldenen Käfig, um mit vietnamesischen Vorstadtrowdies, die sie zufällig kennengelernt hat, Motorrad zu fahren! Vor allem aber wird ihr klar, daß sie auf diese Weise nichts Greifbares erreichen wird. Sie bittet also ihre »Beschützer«, für eine Woche nach New York fahren zu dürfen, um ihr Heimweh zu kurieren. Und sie verschwindet, ohne eine Adresse zu hinterlassen. Die Rückfahrkarte im Mülleimer, zusammen mit dem Geld und dem Leben in Samt und Seide. Kein Champagner mehr, keine Limousine, keine Einladungen, um mit der Creme der Gesellschaft in Berührung zu kommen. Rückkehr zum Ausgangspunkt: der stinkenden Metro, den lauwarmen Hamburgern und den Zufällen des Schicksals.

Eines schönen Morgens wird Dan Gilroy durch energisches Klingeln geweckt: Es ist Madonna, die in den Stall zurückgekehrt ist, genauso arm wie sie war, bevor sie ausgerissen ist, aber mehr denn je entschlossen, sich auf die Musik zu stürzen. Da sie unbestreitbar ein gutes Gefühl für Rhythmus besitzt, beschließt Dan, ihr Schlagzeug beizubringen. Dann gründen sie zusammen eine Gruppe, mit Dan als Leader, seinem Bruder Ed an der Rhythmusgitarre, Madonna an den Drums und einer befreundeten Tänzerin am Baß.

Proben. Immer und immer wieder proben. Madonna macht das nichts aus, sie liebt es. Sie kann ganze Nächte hindurch arbeiten, sich mit ihren Trommeln abplagen, über die Arrangements diskutieren, sie will das, und sie räumt immer als letzte ihre Sachen weg. Nach diesen Nächten rhythmischer Arbeit fällt die kleine Gruppe über das International House of Pancakes her, um für wenig Geld wieder auf die Beine zu kommen. Hier finden sie den Namen für die Gruppe: Breakfast Club. Diesen Namen trägt sie noch heute! Madonna ist nach Corona (im Stadtteil Queens) zurückgekehrt, um in Dans Loft zu wohnen. Und wenn sie nicht übt, findet sie noch die Zeit, sich nach und nach mit allen Instrumenten vertraut zu machen: Klavier, Gitarre ... Sie versucht, zu schreiben, zu komponieren, es ist eine glückliche, kreative Zeit, sie weiß, daß sie ihren Weg gefunden hat und daß am Ende notwendigerweise der Erfolg steht. Nach ein paar Monaten Lehrzeit im Keller fühlt sich der Breakfast Club einigermaßen fit, um sich dem Urteil der Öffentlichkeit zu stellen. In New York gibt es

ein paar Clubs, richtige Rattenlöcher, Buden voller Alkohol- und Drogenwracks, aber da sind Ohren, die man betören kann. Vielleicht. Das Problem ist, daß die Gruppe nicht so recht funktioniert. Angie Smit wirft auf der Bühne dauernd alles über den Haufen: Sie vergißt zu spielen, benimmt sich merkwürdig, starrt unbeweglich in das zumeist männliche Publikum, das von dem oversexy Look der kaum bekleideten Tänzerin mit dem durchtrainierten Körper offensichtlich angetörnt ist. Schwierig, unter diesen Bedingungen eine musikalische Message rüberzubringen! Die Gruppe versucht es auf jede Weise. Alle möchten unbedingt, daß Angie geht. Und dann will Madonna singen. Dan hat für die Gruppe ein eher avantgardistisches Konzept, in dem sie Schlagzeug spielen und nur ein paar Songs vorn auf der Bühne singen soll. Madonna will das Mikro alleine haben und eine mehr kommerzielle Musik machen. Anfang der achtziger Jahre verläßt sie den Breakfast Club, um ihre eigene Gruppe zu gründen. Das geschieht ohne Krach, denn mehrere Jahre später sprechen Dan Gilroy und der Breakfast Club darüber voll begeisterter Nostalgie:

»Vom damaligen Breakfast Club gibt es nur noch Ed und mich. Madonna war unsere Schlagzeugerin, aber man merkte bald, daß sie ganz wild darauf war zu singen. Also haben wir ihr eines Tages ein Mikro gegeben. Sie sang zwei Songs in der Show. Und dann war sie so scharf drauf, daß sie gehen und ihr eigenes großes Abenteuer wagen wollte. Sie ist wirklich ein netter Typ. Als sie ging, tat es ihr ein bißchen leid, uns einfach so sitzenzulassen, also hat sie uns Steve geschickt. Sie kannten sich aus der Schule in Detroit, und sie hatten schon ein bißchen zusammen gearbeitet. Er kam gerade nach New York, als sie die Gruppe verließ. Er hat sich gleich integriert und ist immer noch dabei. Seit sie der Star Nummer eins geworden ist, ist sie immer nett zu uns gewesen, sie verleugnet ihre ersten Erfahrungen nicht. Um so weniger, als Steve nebenher weiter mit ihr zusammengearbeitet hat.«

Nach der Trennung vom Breakfast Club verliert Madonna keine Zeit. Sie bringt ein paar Musiker zusammen, beansprucht für sich selbst den Platz der Sängerin und probt in einer Garage in Queens. Die Gruppe probiert eine ganze Reihe von Namen aus: Modern Dance, Die Millionäre, Emmenon, bevor sie sich auf Emmy festlegt. Sie hatte ganz einfach Madonna vorgeschlagen, aber die anderen hatten sie angesehen, als hätte sie eine Ungeheuerlichkeit geäußert! Ziemlich bald verliert sie ihren Schlagzeuger, weil er heiratet, aber gleichzeitig bekommt sie einen Anruf aus Detroit: Steve Bray erklärt sich bereit, Motor City zu verlassen, um sich ebenfalls in New York niederzulassen. Er wird feierlich als etatmäßiger Schlagzeuger eingesetzt und landet in der Stadt der Träume. Madonna ist immer noch leidenschaftliche Tänzerin, aber ihr Interesse an der Tanztruppe wird von Tag zu Tag geringer. Sie gibt die Stunden bei Alvin Ailey auf, ebenso die Vortanztermine. Aber sie antwortet auf eine Annonce für einen Avantgarde-Film, für den die Titelrolle gesucht wird. Nach einem Brief und einer Begegnung mit ihr verfällt auch der Regisseur Jon Lewicki dem Charme und dem Charisma des zukünftigen Stars, und er engagiert sie für die Hauptrolle seines Films *A Certain Sacrifice.*

Der Film, der unter schwierigen Bedingungen gedreht wird, bringt ihr hundert Dollar ein. Man ist noch weit entfernt von den zukünftigen Hollywood-Gagen! Aber für sie ist das nur eine Anekdote, sie fühlt sich hundertprozentig als Sängerin, und die Gegenwart von Steve Bray bestärkt sie in ihrem Selbstvertrauen.

Emmy spielt weiterhin in vergammelten Clubs, mit wechselndem Personal rund um Steve und Madonna.

Sie ist zwanzig Jahre alt. Sie hat ihre Karriere als Tänzerin aufgegeben. Sie hat keine Wohnung, kein Geld, eine Gruppe, die den Kurs nicht einhält. Sie regt sich darüber nicht besonders auf. Sie weiß, daß jedesmal, wenn sie ganz unten zu sein scheint, jemand auftaucht, der ihr hilft, wieder auf die Beine zu kommen. Im Music Building, einem riesigen Gebäude, das

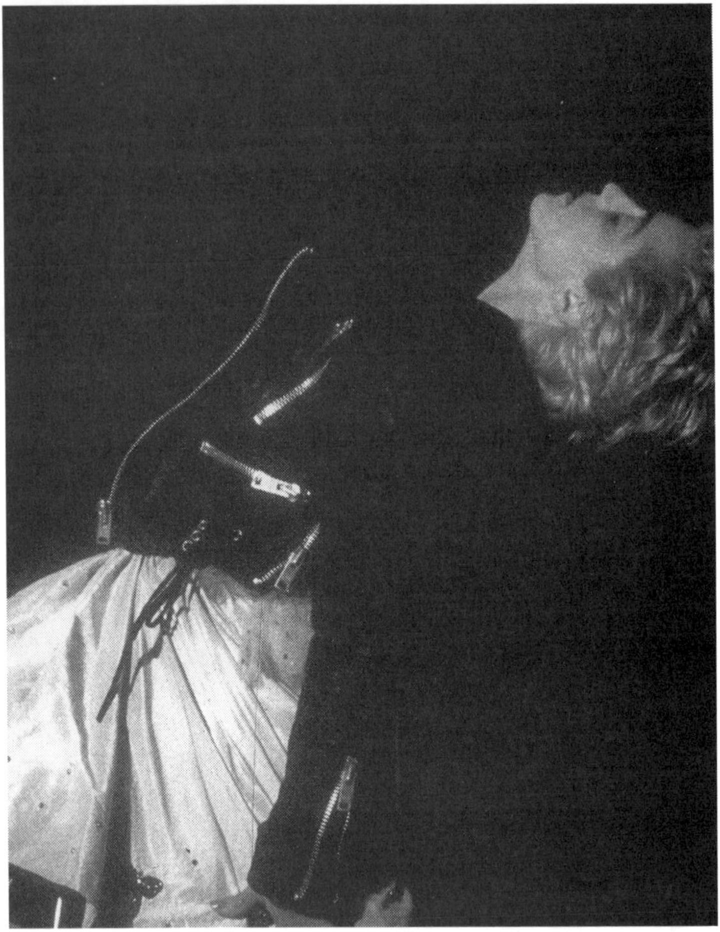

den jungen Musikern in New York Proberäume und Studios bietet, trifft sie durch Zufall auf einen Typ, der im Metier was zu sagen hat. Adam Alter besitzt ein Probestudio, eine Management-Gesellschaft, Zugang zum Musikmilieu und zum Showbiz und ein bißchen Geld. Genau das ist es! Er hat soeben seine eigene Produktionsfirma gegründet, die Gotham Production, und er sucht neue Künstler. Für Madonna heißt das, jetzt oder nie …

Fahrkarte zum Ruhm

Von einem Tag auf den anderen sieht sich Madonna, eine Sängerin unter vielen in New York, jedoch mit ansehnlichem Erfahrungsschatz, von der ganzen Aufmerksamkeit umgeben, die für ihre Entfaltung notwendig ist. Adam Alter stellt sie seinem Partner Camille Barone vor. Beide sind davon überzeugt, daß sie einen kommenden Rockstar vor sich haben. Sie unterzeichnen einen Vertrag mit ihr und träumen bereits von den Millionen, die die neue Pat Benatar, wie sie glauben, ihnen einbringen wird. Diese beiden haben genauso wenig wie die beiden vorhergehenden (die Franzosen) begriffen, mit wem sie es zu tun hatten. Ein Mädchen mit dem Zeug zum Star, das etwas, das aber bei weitem nicht *so* biegsam war, wie es sich Produzenten erträumen!

Inzwischen läßt Madonna die Garagen und Lagerräume, in denen sie früher geprobt hat, die unsicheren und vom Zufall abhängigen Bedingungen hinter sich und investiert ihre Zeit ins Gotham-Studio, wo Spitzenleute wie der Gitarrist Johnny Winter, die Diskosängerin Melba Moore oder David Johansen, der Ex-Sänger der New York Dolls, verkehren. Endlich kann sie unter professionellen Bedingungen an ihrem Tanz und ihrem Gesang arbeiten. Sie kann ihre Downtown-Bude mit der pittoresken, aber anstrengenden Nachbarschaft aus Nutten und Dealern aufgeben und in eine passable Wohnung in der Upper West Side einziehen. Ein ehrenwertes, aber dafür weniger farbenprächtiges Viertel.

Die Gotham Production ist zwar nicht so spendabel wie die Pariser, bietet ihr jedoch das Wesentliche: eine Wohnung, Proben im Studio, eine monatliche Beihilfe von hundert Dollar, damit sie anständig leben kann. Gotham bezahlt auch ihre Begleitmusiker, die sie sich selbst aussuchen darf. Die Musiker sind ihr ziemlich egal, solange sie nur Steve Bray behalten kann. Alter und Barone sind nicht sehr begeistert davon, aber schließlich setzt sie ihren Willen durch, und Steve arbeitet weiterhin eng mit seiner einstigen Unifreundin zusammen. Das eigentliche Problem ist ein Mißverständnis über die Art von Musik, die Madonna an die Spitze, oder für den Anfang zumindest an die Tür einer Schallplattenfirma, bringen soll. Die beiden Gotham-Bosse schwören nur auf reinen Rock, den großen amerikanischen Sound, die breite Masse der weißen FM-Hörer, die direkte, klassische Songs bevorzugen. Sie gehen nicht davon ab, daß sie eine zweite Pat Benatar lancieren wollen. Für Madonna kommt das nicht in Frage. Diese Art von Musik ist nicht ihr Bier. Das Mädchen aus Motown will machen, was sie »streetwise downtown funk« nennt: Tanzmusik für schwarze Kids, Mestizen und, warum nicht, auch für Weiße, für die, die in den großen amerikanischen Städten auf der Straße leben und für die Musik zu nichts anderem da ist als zum Tanzen. Wie dem auch sei, sie arbeitet. Hart, auf Teufel komm raus, unermüdlich, Tag und Nacht, so wie sie es mag. Sie verzichtet sogar auf die Vorstellungstermine für eventuelle kleine Rollen in Werbespots oder beim Film.

1981 beginnt Madonna, die immer noch als dunkelhaarige Südländerin auftritt, sich im New Yorker Underground einen kleinen Namen zu machen. Man weiß, daß das nicht ihre ersten Versuche sind, daß sie bereits mit ihren verschiedenen Gruppen die Clubs abgegrast hat und vor allem, daß sie sich in den New Yorker Nachtclubs bereits einen Namen gemacht hat, nachdem sie dort jede Nacht mit ihrem tänzerischen Können brilliert. Manchmal spielt sie in diesen Clubs unter dem Namen Emmy bei Konzerten mit, die immer noch nicht den Durchbruch bringen. Im My Father's Place, im Chase Park, im CBGB tritt sie mit Rocksongs auf, die der Musik von Police oder den Pretenders (die damals am bekanntesten waren) sehr ähneln, aber auch mit einigen weichen Balladen.

Doch die Lehrzeit dauert lange. Nach einem Jahr steht Gotham bei der Bank in roten Zahlen. Alter hat vier Lieder im Studio aufgenommen, er muß unbedingt und sehr schnell einen Vertrag bei einer Plattenfirma bekommen, um das

Schiff wieder flott zu kriegen, weil er sonst seinem Star den Unterhalt nicht mehr sichern kann. Auf dem Band sind die Songs »I Want You«, »Get Up«, »Society Boys« und »Love on the Run« enthalten. Die Firmen, die er anspricht, machen vage Versprechungen, es kommt nichts Greifbares dabei heraus. Alter und Barone haben alles auf Madonna gesetzt, und sie wollen diese Titel um jeden Preis herausbringen. Madonna hat keinerlei Rechte darauf, aber sie pfeift drauf. Mit Steve zieht sie regelmäßig durch die Tanzclubs: Roxy, Paradise Garage und Danceteria usw. Sie ist sich jetzt völlig sicher, daß das ihr Weg ist. Etwas Funkiges, das sich an ihre Generation wendet, an die Leute, mit denen sie verkehrt. Sie beschließt, sich von Gotham zu trennen, und nach der unvermeidlichen Aussprache, die im Streit endet, knallt sie die Tür hinter sich zu und steht, wieder einmal, auf der Straße. Später leiten Alter und Barone einen Prozeß gegen sie ein, den sie auch gewinnen, weil Madonna den Vertrag gebrochen hat. Was das berüchtigte Band mit den ersten vier Stücken betrifft, so ist es

heute noch Objekt eines unentwirrbaren Rechtsstreits um den eigentlichen Besitz der Rechte. Anscheinend hat das Media Sound Studio, in dem das Band aufgenommen wurde, die besten Aussichten auf die Rechte an diesen Aufnahmen.

Zurück zum Anfang. Madonna besitzt nur noch ihre Entschlossenheit und das Charisma, das alle, die mit ihr zu tun haben, ihr attestieren.

In Downtown New York ist die Danceteria der bekannteste Club; er nimmt den gesamten Raum eines mehrstöckigen Hauses ein. Unten ist ein Konzertsaal, überall sind Bars und Tanzflächen, und es gibt sogar eine Terrasse, auf der im Sommer private Partys stattfinden. Er ist das Mekka für alle Nachtclub-Besucher, Anhänger der New Wave und der »dance music«. Hier sieht man die ausgefallensten Looks, die DJs liefern die besten Performances, man trifft auf die schrillsten Starlets, und hier müssen sich die Leute aus der »Branche« zeigen, wenn sie im Geschäft bleiben wollen. Mark

Kammins ist einer der »rising stars« der Nacht. Er ist DJ in der Danceteria und bald Produzent. Er hantiert gerade an seinen Plattentellern, als, wie die Legende erzählt, Madonna in seine Kabine eindringt und ihm eine Kassette hinhält. Mit ihrem herausfordernden Ausdruck und ihrer enormen Selbstsicherheit vermittelt sie ihm den Eindruck, sie könne tatsächlich Berge versetzen. Kammins soll »Everybody« aufgelegt und gesehen haben, wie sich die Tanzfläche sofort füllte und die Leute sich ganz begeistert zu der Musik dieses »sexy girl« mit dem unmöglichen Benehmen in den Hüften wiegten.

Damals hat Mark Kammins gerade die Produktion eines Künstlers für die Plattenfirma Capitol abgeschlossen, und er ist auf der Suche nach einem neuen Coup; er ist noch nicht bekannt genug, um die Produktion bereits etablierter Künstler angeboten zu kriegen, und er muß seine Schützlinge selbst auftreiben. Mit Madonna klappt das sofort. Sie flirten ein wenig, ziehen durch die Clubs, gerade so lange, bis er, wie die anderen auch, auf den zukünftigen Star abfährt. Sie trägt jetzt blondierte Strähnen, was ihren dynamitgeladenen Look noch unterstreicht.

Einige Zeit vorher hatte Mark Kammins ein »dance mix« für die Talking Heads produziert und bei dieser Gelegenheit Michael Rosenblatt kennengelernt, einen der begabten Scouts der Plattenfirma Sire, für die die Talking Heads arbeiten. Rosenblatt hatte B-52 entdeckt und sie von 1977 an bei Sire herausgebracht. Seither war er seiner Rolle als Entdekker neuer Talente treu geblieben; er graste die Clubs auf der Suche nach den Künstlern von morgen ab. Eines Abends trifft er Madonna in einem Club, läßt sich ihr vorstellen und verfällt – wieder einer – ihrem Charme. Ohne Umschweife gesteht er ihr, daß Mark Kammins bereits mit ihm über sie gesprochen habe und daß er einverstanden sei, sie so bald wie möglich in seinem Büro zu sehen. Mark und Madonna klopfen also an die Tür von Michael Rosenblatt, unter dem Arm ein Probeband, das Steve Bray und Madonna zu Hause auf einem vierspurigen Tonband aufgenommen haben. Auch diesmal sind

es vier Songs: »Burning Up«, »Everybody«, »Stay« und »Ain't No Big Deal«. Nach dem ersten Anhören ist Rosenblatt erobert. Er hört sich das Band noch einmal an und kritzelt dabei bereits ein vorläufiges Budget für die Single-Aufnahme auf ein Stück Papier, das auf seinem Schreibtisch herumliegt. Als Madonna das Warner Building verläßt, hat sie fast schon einen Vertrag in der Tasche! Der Haken ist, daß Rosenblatt ohne die Zustimmung des Chefs der Sire, Seymour Stein, der damals gerade im Krankenhaus liegt, nichts unterschreiben kann. Damit es nicht daran scheitert, spielt ihm Rosenblatt noch am selben Tag das Band vor. Stein fährt ebenfalls darauf ab und bestellt für den nächsten Tag alle in sein Zimmer!

Auch das ist eins der ungewöhnlichen Ereignisse in Madonnas Leben, daß sie sich mit Mark und Michael in einem Krankenhauszimmer befindet, um Mr. Stein zu becircen, der eines der hohen Tiere der Schallplattenindustrie in den Vereinigten Staaten ist. Er läßt sich für diese Gelegenheit ein bißchen fein machen, denn auch er ist ganz aufgeregt, die kennenzulernen, die in den kommenden Jahren seine Karriere zum Höhepunkt führen wird. Der Deal wird abgeschlossen, sozusagen auf der Bettkante unterzeichnet!

Sicher ist das nicht gerade ein phantastischer Vertrag. Nicht vergleichbar mit denen, die sie später bekommen sollte. Aber

es ist ein richtiger Vertrag. Mit 23 Jahren betritt Madonna endlich die Welt der Schallplatte, und sie hat eine Menge Trümpfe in der Tasche, denn all ihre Mentoren stehen hinter ihr, bereit, jede Anstrengung zu unternehmen, um sie unter den besten Voraussetzungen zu lancieren.

Das Problem ist, Steve Bray beizubringen, daß er ausgeschaltet ist. Er hat zwar die Demokassette hergestellt, aber Kammins soll die Single produzieren. Es kommt zu einem Streit, der nicht lange anhält. Steve kehrt bald zu Madonna zurück, um mit ihr Hits zu schreiben.

In der Zwischenzeit übernimmt Mark Kammins die Verantwortung für die Aufzeichnung der zwei Titel, die Michael Rosenblatt ausgesucht hat: »Ain't No Big Deal«, und »Everybody« für die B-Seite. Während die Sängerin und ihr Produzent sich drei Wochen lang im Studio darum bemühen, ihre Aufgabe so gut wie möglich auszuführen, schmiedet Michael Rosenblatt Karrierepläne: Mehrere Singles sollen so lanciert werden, als ob sie von einem Album stammen. Werbekampagnen, die Investition von viel Geld, um Madonnas Namen bekannt zu machen, bevor man sich an ein Album macht – alles exakt geplant.

Als er sich die fertige Arbeit anhört, ist der Mann im Hintergrund total enttäuscht! »Ain't No Big Deal« hat die ganze Lebendigkeit, die es auf dem Probeband besaß, eingebüßt. »Everybody« dagegen hat einen vielversprechenden Biß erhalten. Schade um die Investition, aber »Everybody« wird eben auf beiden Seiten erscheinen. Glücklicherweise beweist der Song sofort, was er taugt, alle Radiosender, die »dance music« im Programm haben, bringen ihn, und er erreicht die Top Ten der Dance Charts. Das nennt man ein brillantes Debüt.

Madonna nutzt ihre Choreographiekenntnisse, um mit drei Tänzern, Bags, Martin und Erica, ein »show case« auf die Beine zu stellen. Endlich tritt sie zum ersten Mal unter ihrem eigenen Namen auf, und zwar im »Cabaret« von Haoui Montag auf einer dieser Veranstaltungen für Schickimickis, wo sich die gesamte »In«-Gesellschaft der New Yorker Clubs trifft. Die Sire-Leute sind natürlich alle bei der Vorstellung dabei, und sie gehen mit der angenehmen Gewißheit nach Hause, daß Madonna, abgesehen von ihren Fähigkeiten als Sängerin und abgesehen von dem kommerziellen Potential ihrer Songs, ein echter Bühnenstar mit einer seltenen Aus-

strahlung ist. Ihre Bewegungen, ihr mitreißender Schwung und ihre offene und fröhliche Sinnlichkeit wirken auf das Publikum wie elektrisierend.

Diese Tanzshow zeigt sie 1982 dem Pariser Jet-set an jenem Abend, der im ersten Kapitel dieses Buches erwähnt wurde. Zur damaligen Zeit ist bereits vorauszusehen, daß das Video zu einem Medium wird, das für den Erfolg einer Schallplatte unerläßlich sein würde. Sire beschließt also sogleich, daß Madonna eins braucht. Ein Video ohne großes Budget natürlich, aber immerhin von einem Fachmann, Ed Steinberg, gedreht, einem der großen New Yorker Namen in diesem neuen Medium und außerdem einem versierten Kenner der »dance music«. Der Clip mit einer Choreographie von Madonna wird in einem Club in Downtown, dem Paradise Garage, gedreht. Natürlich wird auch er ein Erfolg, der den Song schließlich in die Hitlisten schiebt. »Everybody« endet auf dem dritten Platz der Dance Charts und erreicht sogar die Top Hundred der Popsongs.

Dieser vielversprechende Erfolg ermutigt das Sire-Records-Team, wenn das überhaupt notwendig war, Madonna weiterhin zu puschen. Man beschließt, daß auf »Everybody« rasch eine weitere Single folgen soll. Das Budget für eine Maxi und eine Single steht zur Verfügung, aber noch einmal muß man auf die Dienste des designierten Produzenten verzichten. Wie vorher Steve Bray, so muß jetzt auch Mark Kammins abdanken. Sire hält ihn für nicht professionell genug, um die zweite Single zu realisieren, die einwandfrei sein muß, um den Erfolg der ersten noch zu steigern. Wie Steve Bray erlebt auch Mark Kammins eine Zeit der Enttäuschung, aber auch er erholt sich bald wieder. Alle, die beruflich mit Madonna zu tun hatten, kommen letztendlich zur gleichen Einsicht: Sie begreifen, daß der Wille, der die Sängerin vorantreibt, sich nie mit Skrupeln belasten wird. Das Ziel heiligt die Mittel. Das ist von ihrer Seite keine Bosheit, sondern das unstillbare Bedürfnis, mit ihrer Karriere voranzukommen. Menschlich gesehen bringt das manchmal ein paar Probleme mit sich,

aber ihre Beziehungen sind nie lange und auch nie einschneidend davon betroffen. Andererseits kann einer, der dank Madonna erlebt hat, wie er ganz plötzlich im Kurs steigt, vernünftigerweise nicht böse sein, wenn sie ihn danach wieder seinem eigenen Schicksal überläßt.

Der Produzent, der für die zweite Platte ausgesucht wird, heißt Reggie Lucas. Er ist darauf spezialisiert, Sängerinnen zu produzieren, und er hat gerade einen Song komponiert, der Madonna wie auf den Leib geschrieben ist. Als er sie im Fernsehen ein Playback singen sah, kam ihm die Idee: in einem Song die unleugbare Ausstrahlung der Sängerin zu konkretisieren. »Physical Attraction« wird der zweite Hit in der beginnenden Karriere des Stars der Eighties.

Reggie Lucas bleibt Madonnas Produzent für ihr erstes Album. Für diese Platte schreibt er »Borderline«. Die Einspielung des Albums, das den provisorischen, aber realistischen Titel »Lucky Star« trägt, benötigt viele Wochen im Studio und die ganze Energie der Leute, die damit zu tun haben. Man ist so um Perfektion bemüht, daß das Budget bald überzogen ist. Um zusätzliche Mittel frei zu machen, hat Michael Rosenblatt die Idee, Madonna selbst nach Los Angeles zu schicken, um die Warner-Bosse zu betören. Als sie wiederkommt, hat sie ein Lächeln auf den Lippen, das bedeutet: Auftrag erfüllt. Wie hätte es auch anders sein können?

Daß dieses zusätzliche Geld in die Einspielung gesteckt werden kann, ist um so nützlicher, als »Ain't No Big Deal« immer noch nicht »läuft«. Das Stück soll endgültig in der Versenkung verschwinden, und man beschließt, ein anderes zu finden. (»Ain't No Big Deal« wird schließlich trotzdem in der von Reggie Lucas produzierten Version aufgenommen. Es ist in der Kompilation »The Revenge of the Killer B's« enthalten, die den B-Seiten-Stücken gewidmet ist, denen nicht der Ruhm beschieden war, den ihre Interpreten anderswo erlangten. Die Platte ist, wie man sich denken kann, nicht aufzutreiben. Sie ist ein äußerst gefragtes Sammlerobjekt!)

Der neue Song setzt sich mit Hilfe von Madonnas neuestem

Freund durch, einem jungen Puertoricaner von eigenwillig femininer Schönheit, der sich bereits einen Namen als Diskjokkey und genialer Remixer gemacht hat. Als Madonna Jellybean kennenlernt, ist er DJ im Fun House, dem Hip-Club, der gerade »in« ist. Er ist sehr gefragt als Remixer von Stücken, die geeignet sind, zu gnadenlosen Tanzhits zu werden. Er hat bereits »What a Feeling« von Irene Cara, den Welthit aus dem Film *Flashdance,* und auch »Say Say Say« von dem Duo Paul McCartney/Michael Jackson bearbeitet. Die Liste seiner Kunden umfaßt schon bald alle Rockstars, die »in« sind. Jellybean und Madonna werden *das* Paar der New Yorker Nächte, vor allem aber beginnen sie zusammenzuarbeiten. Jellybean schleppt seit Jahren die Synopsis eines »dance song« mit dem Titel »Holiday« mit sich herum. Beide nehmen das Lied zusammen auf, an einem einzigen Tag. Es hat so viel Power, daß es zur ersten Single des Albums bestimmt wird. Entsprechend einer unumstößlichen Regel wird es wieder ein Hit, ein größerer noch als der vorangegangene. Die Single kommt im Juni 1983 heraus, das Album im Juli, um dann einen langen, sehr langen Siegeszug anzutreten.

Alles läuft bestens für Miß Ciccone, bis auf ein kleines Detail: Es ist ihr nicht gelungen, die Mauer, die sie von MTV trennt, niederzureißen. Der amerikanische Musiksender hat rasch eine herausragende Bedeutung für den kommerziellen Erfolg erlangt. Die Schallplattenindustrie liegt ihm zu Füßen. Nur ist MTV hinsichtlich der Programmauswahl nicht unbedingt nachahmenswert. Der Sender richtet sich an ein junges, weißes Publikum und weigert sich, Künstler aus dem Bereich der »dance music« und schwarze Künstler zu bringen. Selbst Prince sollte wahnsinnig lange brauchen, bis er dort akzeptiert wurde. Und trotz ihrer verschiedenen Clips und ihres unleugbaren Erfolgs wird Madonna von dem Sender immer noch nicht als Popkünstlerin anerkannt. Da braucht es erst das Eingreifen der obersten Instanzen bei Warner und einen neuen Clip zu dem Titel »Burning Up«, in dem sie ihre ganze Frische und die ganze fröhliche Sexualität ausstrahlt, die ihre

Persönlichkeit ausmachen. Für Madonna ist 1984 das Jahr ihrer Entdeckung, niemand kann mehr leugnen, daß das kleine Mädchen aus Bay City innerhalb eines Jahres zu einer der bekanntesten Persönlichkeiten in der Welt des Rock geworden ist. Ihr Album ist eine Goldgrube. »Borderline« wird der nächste Hit. Im Februar dreht sie den Clip »Lucky Star«, der im Sommer herauskommt und wieder einmal ein unbestreitbarer Hit wird, der den Verkauf des Albums, das sich seit einem Jahr in den Charts hält, erneut ankurbelt. Im ganzen gehen sechs Singles daraus hervor, alle knallharte Hits. Das Album *Madonna* verkauft sich in mehr als einer Million Exemplaren, bekommt als Belohnung eine Platinschallplatte, füllt weiterhin die Tanzflächen und versorgt die Radiosender mit Songs, die den Zeitgeist haargenau treffen.

Auch wenn Amerika jetzt erobert ist, so gilt dies noch nicht für Europa, wo nur ein kleiner Teil des Publikums, der am meisten »up to date« ist, die Sängerin kennt. Die große Erfolgswelle kommt später, aber Madonna fährt im Juni 1984 dennoch nach Frankreich, um in einigen belanglosen Fernsehsendungen »Holiday« zu singen. Es ist noch nicht die Zeit, wo man sich darum schlägt, ihre neuesten Clips zur besten Sendezeit exklusiv ausstrahlen zu dürfen. Zu diesem Zeitpunkt habe ich den kommenden Star auch kennengelernt.

Sie erscheint in der gedämpften Halle des Hotel Meurice. Schwarze Leggings, die nackten Füße in Ledersandalen, ein Top aus fluoreszierender, grüner Spitze läßt den berühmten Nabel frei, sie trägt natürlich einen Haufen Glitzerschmuck, Armbänder, Ketten, Kruzifixe am Hals und an den Ohren … Freundlich, offen und natürlich nimmt sie mich auf ihr Zimmer mit, wirft sich aufs Bett, bezeichnet mir einen gegenüberstehenden Sessel und erzählt von sich, mit einfachen und schlichten Worten.

»Ich bin in Detroit aufgewachsen, ich habe Tanz studiert, und ich bin nach New York gegangen, um professionelle Tänzerin zu werden. Aber ich wollte auch singen. Eines Tages habe ich

eine Anzeige gelesen: Patrick Hernandez suchte Tänzerinnen. Er hatte einen super Diskohit, ›Born to Be Alive‹. Ich hab' gedacht, das wäre eine gute Gelegenheit für mich, ins Musikgeschäft einzusteigen und auch Reisen zu machen. Als seine Produzenten mich gesehen haben, haben sie gesagt: ›Komm mit nach Paris, wir machen einen Star aus dir, wir finden Songs für dich, machen Aufnahmen; wir zwingen dich nicht dazu, einen Vertrag zu unterzeichnen, du bleibst frei, du kommst nach Paris, und wir kümmern uns um alles.‹

Also bin ich nach Paris gegangen. Aber sie mußten viel tun, um Patrick Hernandez weiterzubringen; ich bin mit ihm durch ganz Europa gereist, just for fun, und dann habe ich an meiner Stimme gearbeitet, aber es passierte nichts Konkretes. Ich hatte eine sehr idyllische Vorstellung, als ich nach Paris kam, nach all dem, was sie mir versprochen hatten, aber ich hab' mich bald wie ein Vogel im Käfig gefühlt. Also bin ich nach New York zurückgefahren, und bei all der Warterei hatte ich so viel Energie angesammelt, daß ich sofort eine Gruppe gefunden habe. Sie haben mir beigebracht, Synthesizer, Schlagzeug und Gitarre zu spielen. Ich hab' sie verlassen, weil ich selbst Leader sein und allein singen wollte.

Dann hab' ich Musiker für meine Begleitung gefunden, und wir sind durch die Clubs in Downtown Manhattan gezogen, für nicht einmal einen Pfennig. Je mehr Erfahrung ich hatte, um so mehr wußte ich, welche musikalische Richtung für mich gut war: schwarze Funk-Musik.

Ich hab' eine Demokassette gemacht, aber ich hab' sie nicht an die Schallplattenfirmen geschickt. Man weiß ja, daß sie sie in den Papierkorb schmeißen, ohne sie anzuhören. Statt dessen hab' ich sie ein paar DJs gegeben. Die Leute von den Plattenläden hängen nämlich immer in den Clubs herum und passen auf, was die DJs machen, weil die der Mode immer voraus sind. Die Jungs legten meine Kassette ein, und ich war immer in ihren Clubs zum Tanzen. Eines Tages hat mich so ein Typ von einer Gesellschaft gesehen und gehört, er war beeindruckt, und er hat mir einen Vertrag angeboten.«

»Eine weiße Sängerin und schwarze Musik, wie können Sie das miteinander vereinbaren?«

»Die Frage ist gar nicht so falsch. Meine erste Single ist ohne mein Foto auf dem Cover herausgekommen, und alle Sender glaubten, ich sei eine Schwarze! Übrigens bin ich lange nur auf schwarzen Sendern gekommen, und meine Platten erschienen in der Hitparade für schwarze Musik. Das ist ganz einfach, ich mache eben schwarze Musik, weil ich die Musik so empfinde, ich hab' nie über meine Hautfarbe nachgedacht. Ich bin in Detroit geboren, beim Tamla-Motown-Sound. Und außerdem hab' ich mit dem Tanzen angefangen, mein Ehrgeiz ist also, Musik für die Clubs zu machen, damit die Leute dazu tanzen können.

Leute, die mich hören und die mich noch nie gesehen haben, meinen, daß ich schwarz sei, und sie sind enttäuscht, wenn sie die Wahrheit entdecken. Eigentlich müßte mir als einer Weißen das Cross-over leichter fallen und mir in der Zukunft eine größere Popularität einbringen. Schon mit ›Borderline‹, der zweiten Single meines Albums, bin ich in die Top-Sendezeit von New York und Los Angeles gekommen, der Titel wird von den Popsendern gespielt, das Video kommt bei MTV, und die Kids im Midwest wissen jetzt, wer ich bin.«

»Ihr Image ist sehr sexy, aber die Texte sind eher brav, warum schreiben Sie keine Worte, die Ihrer Persönlichkeit entsprechen, so wie Prince?«

»Ich hab' eine doppelte Persönlichkeit, auf einer Seite bin ich unschuldig und romantisch, auf der anderen eher aggressiv. Ich glaube, die Dinge, die man tut, sollten auch nicht zu offensichtlich sein. Wenn die Leute mich sexy finden, dann nicht, weil ich mir das zum Ziel gesetzt hab', sondern weil sie mich eben so auffassen. Abgesehen davon wird es stärkere Texte auf meinem nächsten Album geben, aber auch wieder idealistische und romantische.«

»Man sagt oft, daß Sie zum Jet-set gehören?«

»Das stimmt, ich kenne eine Menge Leute aus der Modebranche und in der Malerei: Futura 2000, Keith Harring, Vivian Westwood … All diese Leute gehen viel in die Downtown-Clubs, da habe ich sie kennengelernt, deshalb habe ich in diesem Milieu auch eine große Anhängerschaft. Außerhalb von New York macht der Hip-hop keinen Sinn. Wenn ein Schwarzer oder ein Latino seinen Namen auf die Wände in seinem Viertel malt, dann deswegen, weil das sein einziges Mittel ist zu sagen, daß er existiert, daß er hier lebt, und dieser Graffito ist der einzige Ruhm, den er je erreichen wird. Er wird nie mehr so berühmt sein wie auf dieser Mauer! Wenn man das von der Wand wegnimmt und auf eine Leinwand klebt und es dann für zigtausend Dollar verkauft, macht das überhaupt keinen Sinn mehr.

Die Hip-hop-Kultur geht auf die Tatsache zurück, daß man keine anderen Möglichkeiten hat. Die Kids haben immer auf der Straße getanzt, um ein bißchen Geld zu machen. An dem Tag, an dem jemand die Idee gehabt hat, sie von der Straße zu holen, um sie als Attraktion in einen Nachtclub zu bringen und sie dann auf Europatournee zu schicken, hat er den Sinn und das Wesen der Sache total geändert, es ist zum Busineß geworden. Und für viele von den Kids wird der erneute Abstieg hart sein.«

Für Madonna jedenfalls ist das erst der Beginn des Aufstiegs.

Die platinblonde Jungfrau

Das Jahrzehnt ist noch kaum zur Hälfte vorüber, da ahnt man bereits, daß Madonna einmal als Symbol dafür stehen wird. Wie Elvis die fünfziger Jahre und die Beatles die sechziger Jahre verkörpert haben, so kristallisiert sich in der leicht zu definierenden Persönlichkeit der Ciccone das Typische einer Zeit. Nach dem Optimismus der Fifties, den Sixties, in denen alles über den Haufen geworfen wurde, der Ruhelosigkeit der Seventies, die zur Verneinung der Zukunft durch die Punker führte, sind die achtziger Jahre die Zeit des persönlichen Erfolgs, der letztendlich nicht allzu widernatürlichen Allianz zwischen Mensch und Maschine, der Rückkehr des »black fever« und einer Musik, die zum Tanzen animiert, und einer neuen weiblichen, natürlichen, offenen, fröhlichen und freiwillig provozierenden Sexualität, die sich ihrer Macht bewußt ist. Das erste Album von 1984 wird nach wie vor gut verkauft. In den USA werden mehr als zwei Millionen Exemplare davon abgesetzt, und langsam weckt es auch anderswo Begeisterung. Es verkauft sich sogar so gut, daß Sire Records das Erscheinen einer neuen Platte so lange wie möglich hinauszögert, sie monatelang zurückhält.

Madonna hat es satt, immer nur von ihren alten Titeln zu leben, aber der Handel hat unantastbare Rechte auf die Karriere eines modernen Künstlers.

Am Ende des Sommers hat Madonna mehrere Projekte auf Lager, mit denen sie bestens zurechtkommt. Da sind zunächst die Dreharbeiten zu dem Film *Desperately Seeking Susan (Susan, verzweifelt gesucht)* von Susan Seidelman, eine leichte, originelle Komödie, in der Madonna eine Rolle nach Maß spielt, die so gut zu ihrer Persönlichkeit paßt, daß man meinen könnte, sie sei ihr auf den Leib geschrieben worden. Das wird ihr bis heute größter Kritiker- und Publikumserfolg. Sie übernimmt auch eine Cameo-Rolle in *Vision Quest* – ein kurzer Auftritt als Sängerin in einem Nachtclub, der als Vor-

wand für die Aufnahme von zwei Songs dient: »Gambler« und »Crazy For You« (unter diesem Titel kommt der Film in England heraus), produziert von Jellybean und Madonna. Dazwischen nimmt sie im Studio ein zweites Album auf, das ihr nicht danebengehen darf.

Und wieder wird ein Produzent durch einen anderen, erfahreneren ersetzt. Nach Bray, Kammins, Lucas und Benitez ist es an Nile Rodgers, die Arena zu betreten. Er ist kein Anfänger, er ist sogar einer der berühmtesten Studiomagier des Rockgeschäfts. Früher Leader der Funk-Gruppe Chic, die in der Zeit der Edeldiskos haufenweise Hits produzierte, reiht er dann später als Produzent auf seiner Visitenkarte die größten Namen aneinander: David Bowie für sein sagenhaftes »Let's Dance«, Duran Duran für ihr »Wild Boys«, Debbie Harry von Blondie für ihr erstes Soloalbum »Koo Koo« etc.

Nile Rodgers weiß alles über die schwarze »dance music«, er ist außerdem ein großartiger Gitarrist, dessen Sound man unter Tausenden heraushört und der das Album mit seinen ungeheuer aufreizenden Riffs auflockert. Sein Ziel ist es, Madonna eine größere musikalische Glaubwürdigkeit zu verleihen, deshalb ersetzt er den Drum-Computer ihrer ersten Platten durch einen richtigen Schlagzeuger, und zwar keinen Geringeren als Tony Thomson von Chic. Das Album muß einwandfrei werden, mit vollem Sound, innerer Kraft, strengen Arrangements und natürlich tänzerischer Power. Außerdem soll es poppiger sein und paradoxerweise weniger schwarz, um wirklich voll rüberzukommen und ein Publikum aus allen

Rassen und Schichten zu begeistern. Die Aufnahmen gehen nicht ohne Reibereien ab, Madonna ist schwierig, sie legt sich oft mit ihrem Mentor an, aber all das passiert nur, weil jeder von ihnen völlig von der Arbeit abhängig ist und unbedingt ein perfektes Ergebnis erzielen will. Der anhaltende Erfolg von »Lucky Star« verzögert die Auslieferung des Albums, der Clip »Like a Virgin«, der von Mary Lambert in Venedig gedreht wurde, ist seit Ende Juli fertig. Das Album wird schließlich auf den Markt gebracht, und der erste Auftritt der neuen Madonna geschieht mit großem Tamtam bei der Fernsehübertragung der Videopreisverleihung durch MTV. Zum ersten Mal singt Madonna »Like a Virgin« – bekleidet mit verführerischen Dessous, die vom indiskreten Auge der Kamera äußerst vorteilhaft ins Bild gerückt werden. Ihre Interpretation entspricht ihrem Kostüm, sie sprengt geradezu den Bildschirm, lasziv und spröde zugleich, sie ist die rebellische Sängerin par excellence, ein echtes Phänomen, das Cyndi Laupers Forderung »Girls Want to Have Fun« lächerlich erscheinen läßt. Geht Madonna zu weit? Viele Leute in den Medien scheinen so zu denken, denn die Kritiken zu dem Album sind oft aggressiv, die Sängerin wird zu einer gewerblichen Exhibitionistin abgewertet, die es einzig und allein auf Skandale anlegt. Die Ankläger, die da ihr Gift versprühen, haben sich anscheinend nicht die Zeit genommen, sich die Platte wirklich anzuhören: Das sind Songs aus Gold, ein umwerfender, des Goldschmieds Nile Rodgers würdiger Sound und eine Unzahl von Hits: »Angel«, »Material Girl«, »Dress You Up« etc. Acht Singles werden aus dem Album ausgekoppelt! Ein Rekord, den nur Michael Jackson übertrifft. Das Album steigt im Dezember 1984 auf Platz siebzig der Charts ein. Kaum zwei Monate später ist es die Nummer eins. Auch die Single »Like a Virgin« ist Nummer eins und bleibt es sieben Wochen lang. Das Dance-Remix von Jellybean wird ein riesiger Club-Erfolg. Das Video wird auf allen Kanälen offenbar öfter als alle anderen gezeigt. Es ist der totale Triumph. Der Siegeszug ist nicht mehr aufzuhalten.

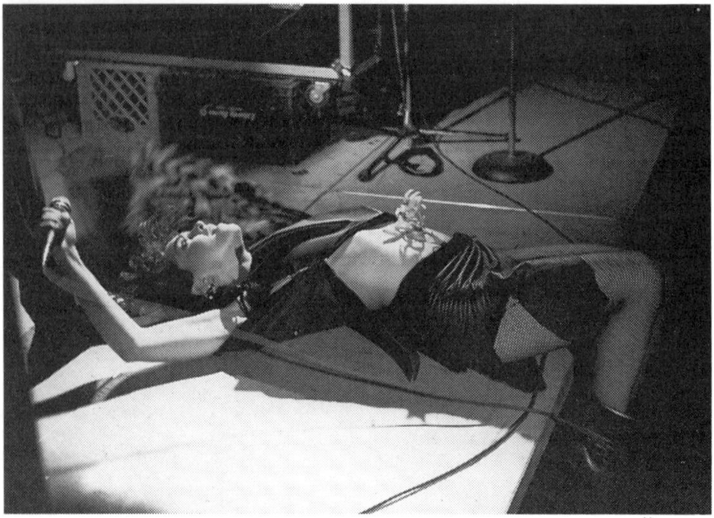

Niemand kann es mehr leugnen, niemand mehr daran zweifeln, Madonna ist *der Star* geworden. Sie erscheint auf dem Titelblatt von *Rolling Stone,* was nicht weniger bedeutet als die offizielle Anerkennung ihres Status durch die amerikanischen Medien. Sie ist auf Seite eins aller Magazine zu finden, vom belanglosesten bis zum seriösesten, wie der *Times,* die über ihr Porträt der blonden »femme fatale« den Titel setzt: »Madonna, why she's hot?«

Sie ist eben nicht nur ein großartiger kommerzieller Erfolg in der Plattenbranche, sondern auch eine Persönlichkeit, sie ist einzigartig, ein Idol, eine Bezugsperson ...

Von Anfang an hat sie einen neuen Look gewagt, eine Mischung aus Unschuld und ostentativer Sexualität: enge Miniröcke, kniekurze Leggings, schwarze oder bunte Spitze, offen getragene Büstenhalter, abgeschnittene Sweatshirts, die den Nabel frei lassen. Dazu, als Accessoires, ihr legendärer Boytoy-Gürtel, ein »tag belt«, wie ihn die Kids der neuen Hiphop-Bewegung tragen, mit dem Namen an der Schnalle, zig Kautschukarmbänder, Ketten, Kruzifixe. Maripol, eine fran-

zösische Schmuckdesignerin, die in Soho lebt, wird ihre bevorzugte Designerin und Schöpferin dieses Glitzerschmucks, von dem man immer ganz viel auf einmal trägt. Dieser provozierende Look, halb Tänzerin, halb Aufreißerin, verbreitet sich bald über die ganze Welt. Madonnaquins in den USA, Madonettes in Frankreich, alle Mädchen der freien Welt träumen davon, ihrer großen Idealschwester ähnlich zu sein, die die Jungs für das nimmt, was sie sind, die die Eltern aufregt, ja sogar schockiert, die klar und deutlich sagt: »Ich bin ein Mädchen, ich bin jung, sexy, frei, ich tue, was ich will, ich entscheide selbst ...« Überall werden Wettbewerbe für Madonna-Doppelgängerinnen abgehalten, die Supermärkte füllen ihre Regale mit Fähnchen aus Spitze und Kruzifix-Ohrringen. Madonna kurbelt das Geschäft an.

Was einen Star ausmacht, sind nicht nur Erfolg und Aussehen, sondern auch bestimmte Aussagen. Madonna läßt es sich nicht nehmen, die Spalten der Weltpresse mit ihren unumstößlichen Behauptungen und Prinzipien zu füllen.

»Um Erfolg zu haben, muß ich ein Sexsymbol sein. Wie könnte ich darum herumkommen? Das ist mein eigentliches Wesen. Die Leute sagen, daß ich das Frauenbild um dreißig Jahre zurückwerfe. Ich glaube aber, daß die Frauen in den fünfziger Jahren sich nicht für ihren Körper schämten. Sie strahlten Sexualität aus und benutzten ihre Weiblichkeit. Ich finde, das ist besser, als sie zu verstecken und zu sagen: ›Ich bin stark, ich bin wie ein Mann.‹ Frauen sind anders als Männer, sie tun Dinge, die Männer nicht tun können. Wenn die Leute den Humor, der in meiner Person und in meiner Show liegt, nicht verstehen, dann nur, weil sie es nicht wollen. Zehnjährige Kinder verstehen ihn sehr gut, also müssen auch die Erwachsenen dazu in der Lage sein.«

Madonna ist ein natürliches und freimütiges Sexsymbol, so wie es auch die Filmidole in Hollywood waren. Sie ist die Negation der Rudel von Aerobic-Fans, die von ihren Muskeln, ihrem flachen Bauch und ihrer Diät besessen sind. Madonna

besitzt einen wollüstigen Körper, und sie bringt ihn mit einer perversen Unschuld zur Geltung, die jedermann entzückt. Nachdem Blondie verschwunden war, brauchte der amerikanische Rock eine Sängerin, die die Jugendlichen als Poster in ihrem Zimmer aufhängen konnten. Alle Jungs träumten von

diesem *lebendigen* Körper, der sich so gut zu bewegen weiß, der an sich selbst Spaß hat. Alle Mädchen träumen davon, ihn zu imitieren. Denn die Mädchen, die kleine Madonnas spielen, haben die Botschaft wohl verstanden: Diese überbetonte Sexualität ist nicht die Rückkehr zur Puppe, zum Objekt.

Wenn Madonna den ganzen Tag lang ihre wohlgefüllten Dessous zur Schau stellt, macht sie sich über die Männer lustig, die sie gierig anstarren. Sie drückt damit aus: »Zeigt euch, Mädchen, bedient euch eurer Waffen.«

»Meine Idole, meine Bezugspersonen: Marilyn Monroe, wegen ihrer Unschuld und ihrer Sexualität, ihrem Humor und ihrer Verletzlichkeit. Als ich klein war, wollte ich aussehen wie Brigitte Bardot, ich wollte mein Haar blond färben, spitze BHs tragen und mit Roger Vadim gehen.«

Welche Übereinstimmung ... Man hatte ernsthaft in Erwägung gezogen, ob nicht Vadim selbst ein Remake von *Und Gott erschuf die Frau* machen sollte, und ratet mal, wer für die Hauptrolle, die die Bardot einige Jahrzehnte früher gespielt hatte, vorgesehen war ... Die typischsten, bekanntesten, wichtigsten Fetische des Phänomens Madonna sind ihr Nabel und ihre Kruzifixe!

»Ich habe den vollkommensten Nabel der Welt. Wenn ich meinen Finger hineinlege, spüre ich einen Nerv im Zentrum meines Körpers, der ihn erbeben läßt. Wenn hundert Nabel an einer Mauer aufgereiht wären, würde ich meinen sofort erkennen.«

»Kruzifixe sind sexy, weil ein nackter Mann drauf ist! Bei uns zu Hause hingen überall welche an der Wand, wahrscheinlich hab ich es daher. Ich mag was sie darstellen.«

Die Bigotten, Prüden und anderen Weihwasserkröten werden sogleich »Skandal« schreien, aber sie täuschen sich sehr. Hinter den schrillen Behauptungen verbirgt sich ein echtes italienisches Mädchen, Trägerin von Traditionen, unbewußte Erbin der südländischen Faszination für bildliche Darstellungen, für Ikonen; diese Besessenheit von Kruzifixen ist typisch für alle Frauen in Italien, Spanien und Südamerika.

Und was den berühmten Gürtel betrifft ...

»Ich hing oft im Roxy herum, mit den Breakern und den Graffiti-Künstlern. Jeder hatte einen ›tag‹, einen Spitznamen, einen

Decknamen, wie ›Futura‹, ›Whiz Kid‹, ›Mr. Freeze‹, den wir auf die Wände der Metro sprühten und am Gürtel trugen. Für mich hatte ich ›Boy-toy‹ gewählt, das bedeutet: ›Spiel mit mir, ich bin für jeden zu haben.‹ Aber das war als Scherz gemeint. Ich trag' ihn nicht mehr, es ist natürlich ganz falsch verstanden worden.«

Madonnas Offenheit, ihre Geradheit und Kompromißlosigkeit sind ihre ausgeprägtesten Charakterzüge. Als der *Playboy* und das *Penthouse* mit großem Werbeaufwand die Nummern mit den Nacktfotos bringen, die sie Ende der siebziger Jahre machte, als sie in New York ums Überleben kämpfte, spielt sie nicht die Verstörte, sie droht nicht mit einem Prozeß, gibt keine öffentliche Erklärung ab, sondern erzählt ganz einfach:

»Ich bekam zehn Dollar die Stunde, und eineinhalb Dollar bei Burger King. Also hab' ich's getan. Es ist mir nicht leichtgefallen, aber ich brauchte es, und ich sagte mir, es ist ja für ›die Kunst‹!«

Übrigens hatte sie zur selben Zeit in einer Kunstschule für Maler nackt Modell gestanden. Was kann ein junges Mädchen ohne Geld in einer erbarmungslosen Großstadt sonst tun, um zu überleben und durchzuhalten?

Madonna ist ein Star, aber sie kann es noch nicht auf der Bühne beweisen. Bis jetzt konnte sie sich diesen Luxus nicht erlauben, deshalb hat sie, mit Einverständnis ihrer Plattenfirma, das Hauptgewicht immer auf ihre Clips gelegt. Man mußte ein starkes Image aufbauen und es über den mächtigen und diktatorischen Kanal des Fernsehens in die entferntesten Winkel der Welt tragen. Dieser Auftrag ist erfüllt. Aber das ist nicht vergleichbar mit der einmaligen Erfahrung von direktem Kontakt mit dem Publikum. Die wenigen Tanzshows, die sie gemacht hat, haben alle, die dabei waren, mehr als überzeugt; sie strahlt eine echte Kraft auf der Bühne aus. Ihr Talent als Tänzerin kommt da ins Spiel. Ihr ganzer mitreißender Schwung, ihre überbordende Begeisterung und ihre Vitalität als Sängerin müssen die Zuschauer ja geradezu von den Sitzen reißen.

1985 startet Madonna ihre erste Tournee. Eine Tournee, die sich zwar auf die Vereinigten Staaten beschränkt, deren erdbebengleiche Wirkung aber über die Medien und das Fernsehen auch den Rest der Welt erreicht. 27 Städte in den

USA, eine in Kanada, insgesamt 355000 Fans im Delirium; die Virgin-Tour schlägt alle Rekorde. Nun ist das für Madonna nichts Ungewöhnliches. In New York zum Beispiel werden die 17622 Tickets für die Radio City Hall in 34 Minuten verkauft! Der vorherige Rekord lag bei einer guten Stunde. Sie tritt noch zweimal in der Radio City Hall auf und dann zweimal im Madison Square Garden. Im Juni 1985 lebt man nach der Madonna-Zeitrechnung. New York ist begeistert von seiner Entdeckung. Jedes der vierzig Konzerte ist ausverkauft, die Karten werden auf dem Schwarzmarkt gehandelt. Die Medien spielen verrückt. Die große Kaufhauskette Macy's organisiert einen Madonna Look Alike Contest (einen Doppelgängerinnen-Wettbewerb), der in jeder Stadt, die sie besucht, Scharen munterer Mädchen in Miniröcken, Spitzenstrumpfhosen, klimperndem Modeschmuck und nabelfreien Sweatshirts anzieht.

Das Pathos erreicht seinen Höhepunkt, als sie in der Radio City Hall von der Zeit erzählt, als sie, arm und allein, nicht weit von dem mythischen Saal entfernt wohnte und sich jeden Abend, wenn sie sah, wie die Leute Schlange standen, sagte: »Eines Tages werd' ich das sein.« Dieser Tag ist gekommen. Auf den Ballons und den T-Shirts, die bei dieser Gelegenheit verkauft werden, steht der alles zusammenfassende Satz: »All My Dreams Came True!«

Den Freunden aus den bescheidenen Zeiten treu verbunden, schickte sie Autos los, die ihre Kumpels unter den Graffiti-Künstlern, Rappern, Malern und Tänzern aus den düsteren Vorstädten in allen Himmelsrichtungen des Big Apple abholen sollten. Nur ihnen, und nicht den Leuten des Showbiz, wurde die Ehre zuteil, hinter die Bühne zu kommen und hinterher bei der Party im Palladium mitzufeiern.

Die Virgin-Tour hatte Ende April in Seattle, im Staat Washington, begonnen und fand in New York einen triumphalen Abschluß. Mit drei Sattelschleppern, 36 Personen für Ton, Licht, Requisite und Garderobe, einem Bus für kurze Reisen – die längeren werden in Linienflugzeugen zurückgelegt –, ist

die Tournee hervorragend organisiert. Als Vorgruppe ihrer Shows hat sie, getreu ihrer Vorliebe für die New Yorker Musik, die Beastie Boys gewählt, drei schmuddelige weiße Rüpel, die ihren Rap, vermischt mit einem sehr harten, offen gewalttätigen und aggressiven Rock, herunterfetzen. Ein paar Jahre später sollte sich ihr Album *Licensed to Ill* in Millionen von Exemplaren verkaufen und damit zum ersten großen Rap-Erfolg werden. Aber 1985 sind sie noch unbekannt und sehr weit entfernt von der Welt der Fans, die Madonna und ihre süßliche, heile Tanzmusik lieben. Aber Madonna bleibt bis zum Schluß bei ihrer Entscheidung, obwohl ihr alle davon abraten. Nach diesem Intermezzo nämlich bereitet das aufgepeitschte Publikum, das seinen letzten Dollar an den Verkaufsständen mit signierten Waren ausgegeben hat (ein neuer Rekord betrifft die Verkaufszahlen von Souvenirs mit Madonna-Emblemen), seinem Lieblingsstar einen besonders herzlichen Empfang. Das Spektakel bekommt einhellige Kritiken: Begleitet von ihren beiden Tänzern, Michael Perea aus New York und Lyndon B. Johnson aus Los Angeles, liefert Madonna eine mitreißend lebendige, fröhliche und bunte Show, die ständig auf Hochtouren läuft und nicht einen toten Punkt hat. Ein Dutzend Songs, die die begeisterte Menge unaufhaltsam in die Raserei treiben, ständige Kostümwechsel, die ein weiteres Aushängeschild dieser Persönlichkeit werden. Wenn sie verschwindet, um wie auf dem Cover ihres Albums *Like a Virgin* als sexy Braut verkleidet wiederzukommen und wenn sie fragt »Will You Marry Me?« (Wollt ihr mich heiraten?), kennt die Hysterie keine Grenzen mehr, das Publikum ist bereit, sich mit der allbekannten Textzeile »Wie eine Jungfrau, die zum ersten Mal berührt wird ...« den Gnadenstoß versetzen zu lassen. Das Finale gerät fast zum Delirium. Sie singt »Material Girl«, ihr unumstößliches Credo, wendet sich dann ans Publikum: »Ihr denkt doch nicht *wirklich,* daß ich ein ›material girl‹ bin, oder?«

Und während die Zuhörer übereinstimmend »Yeah« brüllen, regnet es vom Bühnenhimmel falsche, mit dem Abbild

des Stars bedruckte Dollarnoten, auf denen geschrieben steht: »Madonna Money« und »Living in a Material World!«. Die Wirkung ist unbeschreiblich. Das ist ein bemerkenswerter Coup, ein Beweis für ihren Humor und ihre Intelligenz, der alle Verleumdungen zunichte macht.

Und damit ist es noch nicht genug. Am Ende des genannten Songs stürmt Madonna in die Kulissen, wobei sie ihren Brautmantel aus weißem Pelz auf der Bühne zurückläßt. Dann hört man aus dem Off die Stimme eines unsichtbaren Vaters schimpfen: »Madonna, verlaß jetzt diese Bühne.«

Sie, ebenfalls unsichtbar, erwidert mit ihrer schönsten Kleinmädchenstimme:

»Aber Papa, muß ich wirklich? Ich amüsier' mich doch so!«

»Verlaß jetzt sofort diese Bühne, hast du mich verstanden, mein Kind?«

»Na gut, aber laß mich noch schnell meinen Pelz holen.«

Und sie kommt zurück, greift nach ihrem jungfräulichen Mantel, wirft der vor Staunen erstarrten Menge ein paar Kußhändchen zu und verläßt endgültig die Bühne.

In Detroit, ihrer Heimatstadt, wird die Szene von Sylvio »Tony« Ciccone, Madonnas Vater, selbst gespielt. Man kann sich den durchschlagenden Erfolg beim Publikum vorstellen. Ein solch intelligentes Gefühl fürs Spektakel (sie hat sich das alles selbst ausgedacht) ist verblüffend. Madonna hat es verstanden, alle Voraussetzungen dafür zu schaffen, daß ihr Status als Star eine Dimension erreicht, in der sie nicht mehr wie ein bestimmter Mensch erscheint, sondern wie ein aus verschiedenen Facetten zusammengesetztes Ganzes, das nicht leicht zu definieren und vor allem nicht mit anderen zu vergleichen ist.

Mit dieser Tournee steigt sie in das ewige Pantheon der amerikanischen Stars auf. Ihr Platz ist unter den Großen, und im übrigen wird sie von ihnen anläßlich des Live-Aid-Konzerts, dem Welt-Medienspektakel, das am 14. Juli desselben Jahres im John-F.-Kennedy-Stadion in Philadelphia abgehalten wird, mit dem Respekt empfangen, der ihrem Rang gebührt. Das Konzert, das in der ganzen Welt live ausgestrahlt wird, zeigt eine wieder brünette Madonna, herausgeputzt à la Prince, in Hose und langer, mit Blattwerk bedruckter Jacke. Sie singt ein paar Lieder und läßt es sich nicht nehmen, jenen kleinen, unwiderstehlichen Satz loszulassen, den man danach voll Entzücken in den Büchern abdruckt. Als Anspielung auf die Nacktfotos, die das andere Ereignis des Sommers sind, erklärt sie: *»Heute werde ich mich nicht ausziehen; sonst würde man es mir in zehn Jahren immer noch vorwerfen.«*

Das Madonna-Jahr 1985 bringt noch ein weiteres großes Ereignis. Seit den Dreharbeiten zu *Desperately Seeking Susan* geht sie mit Sean Penn. Er ist jünger als sie (er ist am 17. August 1961 geboren), Sohn des Regisseurs Leo Penn (und nicht verwandt mit dem anderen, bekannteren Regisseur Arthur Penn) und der Schauspielerin Eileen Ryan und gehört zu den Hoffnungen des amerikanischen Films. Viele sehen in ihm einen möglichen Nachfolger Robert de Niros. In *The Falcon and the Snowman* und *At Close Range* war er recht bemerkenswert, aber mehr als auf der Leinwand ist er im Leben aufgefallen. Sean ist ein Giftzwerg, ein harter Typ. Ein Spezialist für Faustschläge gegen Journalisten und alle, die ihm lästig sind. Er hat eine ganze Kollektion von Prozessen wegen Schlägereien und Körperverletzungen, dazu Schadensersatzforderungen und Verwarnungsgelder am Hals. Er lernt sogar für kurze Zeit die Gefängniszellen von innen kennen. »A real man«, ein Macho reinsten Wassers, genau das, was die kleine, heißblütige Italienerin braucht.

Sie, die lange Zeit die Ehe verunglimpft und ihr Leben unter das Motto der Freiheit, sich ihre Abenteuer selbst auszusuchen, gestellt hat, hat also beschlossen, das Abenteuer einer offiziellen Verbindung zu versuchen. Der gewählte Zeitpunkt muß natürlich symbolisch sein. Der 15. August, das Fest der Heiligen Madonna? Schließlich wird es der 16., Madonnas Geburtstag und der Tag vor Seans Geburtstag. Die Hochzeit findet in Los Angeles statt, auf dem Besitz des Filmproduzenten Kurt Unger. Er hat ein Haus in Malibu, hoch über dem Pazifik. Das Paar wünscht sich eine Hochzeit ohne Paparazzi, aber wie ihnen entkommen? Ein Dutzend Polizisten verwehren jedem Unerwünschten den Zugang, kontrollieren die Einladungen und Ausweise der geladenen Stars (Andy Warhol, Diane Keaton etc.). Die Zeremonie soll unter freiem Himmel stattfinden. Madonna und Sean haben beschlossen, in Anwesenheit von etwa hundert ausgesuchten Gästen zu heiraten. Aber keine Presseagentur der Welt kann sich diesen Coup entgehen lassen: die Hochzeit des Jahres, das Ereignis, das so viel Tinte zum Fließen bringt und die gesamte Presse zu Kommentaren veranlaßt. Die Reporter mieten sich also Hubschrauber, besorgen sich die stärksten Teleobjektive, die auf dem Markt aufzutreiben sind, und fliegen über die Zeremonie hinweg, die somit nicht nach dem Willen der Brautleute ablaufen kann. Schließlich gehen einige Teilnehmer der Gesellschaft zum Strand hinunter, um in riesigen Buchstaben ein gehässiges »fuck off« (verpißt euch!) in den Sand zu schreiben. Das Foto geht rund um die Welt.

Der Nabel der Welt

Was kann man tun, wenn man den Gipfel erreicht hat? Man kann alles versuchen, um oben zu bleiben. Sich schlagen, kämpfen gegen alles, was einen normalerweise völlig kaputtmachen würde. Die ständigen Angriffe der Presse, die auf die geringste Geste, die kleinste Äußerung lauert, aushalten, ohne die Nerven zu verlieren. Gefangen sein, in einem goldenen Käfig zwar, aber doch in einem Käfig. Eine beneidenswerte Lage, die in Wirklichkeit die Hölle ist.

Auch die ständig fordernden Fans ertragen, die nettesten ebenso wie die hysterischsten, die unentwegt vor der Haustür kampieren, ihre Idole in den Restaurants und Nachtclubs anmachen, einem das ewige Stück Papier für ein Autogramm hinhalten, einem mit ihren aufdringlichen Kameras auflauern, die drängeln und aggressiv sind, alles für sich haben wollen und denen man nur entkommen kann, indem man heimlich durch Hintertüren entschlüpft – in Limousinen, so groß wie Schiffe, hinter deren getönten Scheiben die Angst vor dem Erkanntwerden schwindet. Ein Hundeleben ...

Madonna hat beschlossen, ein Star zu werden, sie hat diesen Status innerhalb kürzester Zeit erreicht, für manche zu schnell. Sie muß lernen, sich gegen andere Gegner zu verteidigen als die, die sie in den mageren Zeiten leicht in die Tasche gesteckt hat.

Ende 1985 beginnt sie mit der Einspielung eines neuen Albums. Auch diesmal steht wieder ein Neuankömmling hinter dem Aufnahmepult.

Er heißt Patrick Leonard, und er hat Madonna kurz vor der Virgin-Tour von 1985 kennengelernt. Er hat zahlreichen Gruppen angehört, hat Lieder für ein paar Rock'n'Roll-Größen geschrieben und war auf der Victory-Tour der Brüder Jackson dabei. Nun wird Madonna seit einiger Zeit von Greddy Demann gemanagt, der neben anderen berühmten Musikern auch die Brüder Jackson zu seinen Kunden zählt.

Ein Anruf genügt, um Pat wissen zu lassen, daß er die musikalische Leitung für Madonnas erste Tournee übernehmen soll. Der Vorschlag läßt ihn zunächst kalt; am Anfang lehnt er das Angebot ab, weil er meint, daß die Sängerin mit seinem eigenen musikalischen Stil nicht vereinbar sei. Aber er läßt sich

überreden und akzeptiert ein Treffen mit Miß Ciccone. Wie alle anderen ist er von Madonnas Persönlichkeit entzückt, und er spielt ihr ein paar Songs vor, an denen er gerade arbeitet. Der Stil der Songs gefällt ihr, und so kommt einer davon, »Love Makes the World Go Round«, in ihr Album *True Blue,* das die schwierige Aufgabe hat, auf das phänomenale *Like a Virgin* zu folgen. Mit Pat Leonard kommt der alte Freund aus Michigan, Steve Bray, wieder zum Zug, und sie schreiben und produzieren in enger Zusammenarbeit *True Blue,* das sich wieder einmal als eine unerschöpfliche Quelle von Hits erweist.

Aber während sich das Madonna-Fieber über den Erdball ausbreitet, wobei jedes Land entsprechend seinen Marktbedürfnissen Singles aus *Like a Virgin* auskoppelt, macht Madonna in den Klatschspalten Furore. Das Leben des spannungsgeladenen Paares Penn/Ciccone liefert der Skandalpresse aufregende Feuilletons. Sean Penn ist total verhaltensgestört, wobei noch zu überprüfen wäre, was Wirklichkeit und was Legende ist, aber sein Verhalten scheint man als end-

lose Folge von Faustschlägen und Beleidigungen gegen alles, was einen Fotoapparat um den Hals trägt, zusammenfassen zu können. Nicht leicht, Mr. Madonna zu sein! Unmöglich für den prototypischen Macho, weniger bekannt als seine Frau zu sein und es mit größter Wahrscheinlichkeit auch zu bleiben. Sicher stellt die allgegenwärtige Aggression der Paparazzi eine unerträgliche Situation dar, aber durch sein Verhalten verstärkt Sean Penn nur ihren nicht zu bremsenden Wunsch, das berühmteste Paar der Gegenwart abzulichten; es ist eine Art Sport geworden, der Wut seiner Vergeltungsschläge zu entgehen und das Foto zu schießen, das sich auf der ganzen Welt verkaufen wird.

Madonna, als gute italo-amerikanische Ehefrau, setzt all ihre Energie daran, den Ruf ihres zornigen Gatten wieder aufzupolieren. Sie enthüllt ihren Wunsch, einen Film mit ihm zu drehen. Das Projekt ist verdammt anspruchsvoll, man denkt an die unvergänglichen Meisterwerke des Paares Bogart/Bacall, um so mehr, als man das Genre des exotischen Abenteuerfilms wählt.

Der Film heißt *Shanghai Surprise* und wird teils in London, teils – die Außenaufnahmen – in Hongkong gedreht, da die Geschichte im China der Kolonialzeit angesiedelt ist. Der Beatle George Harrison, vielmehr seine Produktionsgesellschaft Handmade Films, ist für das Projekt verantwortlich.

Handmade Films hat sich als Produzent der Erfolgsfilme der englischen Komikertruppe Monthy Python einen Namen gemacht, aber man kann sich vorstellen, daß die Arbeit mit diesen anerkannt komischen Käuzen eine geruhsame Angelegenheit ist – im Vergleich mit dem Rattenschwanz von Ärger, den das Paar Penn/Ciccone hinter sich herzieht. Die Zeit der Dreharbeiten in London löst einen Fall akuter Paranoia aus: Sean Penn ist völlig hysterisch und scheint nur eins im Kopf zu haben, nämlich jeden, der sich ihm ohne Erlaubnis nähert, niederzuschlagen, während ihn seine Liebste mit Zähnen und Klauen verteidigt. Ein Zwischenfall am Londoner Flughafen Heathrow bringt die Sache zur Explosion. Ein Reporter wird vom Wagen des Paares umgefahren und verletzt, die Angelegenheit wird vertuscht, aber sie sollte der Beginn einer großangelegten Hetzkampagne gegen Madonna werden. Die britische Skandalpresse ist eine echte Institution, Fleet Street (die Straße, in der zahlreiche Sensationsblätter ihren Sitz haben) ist in hellem Aufruhr. Jeder Tag, jede Nummer bringt eine Ladung Klatsch, wahr oder – meistens – falsch. Gerüchte, Verdrehungen, Madonna wird durch den Dreck gezogen, als Emporkömmling hingestellt, als eine Maschine zur Produktion von Geld und Skandalen; die Ströme von Gift und Galle tragen durch die erbärmliche Stimmung, die sie hervorrufen, dazu bei, daß die Dreharbeiten zu *Shanghai Surprise* fast nicht mehr durchführbar sind.

Der schlechte Ruf Madonnas, den die englische Presse verbreitet, überschreitet die Grenzen Albions, um sich wie eine ansteckende Krankheit in allen Medien der Welt auszubreiten, vor allem in den USA. Nach den Lobliedern, der Glorifizierung des Stars und seines märchenhaften Schicksals ändern die Zeitungen plötzlich ihre Meinung über die Sängerin mit den vielen Platinschallplatten. So, als ob man ihr nicht verzeihen würde, daß sie jenseits der Norm Erfolg haben konnte, als ob man ihr zum Vorwurf mache, daß sie sich in einen Jungen verliebt hat, den sie sich selbst ausgesucht hat.

Der Druck ist entsetzlich, Madonna wird Tag und Nacht

belästigt, und um die Dinge noch zu verschlimmern, scheint der Film nicht zu halten, was er zunächst versprochen hatte. Um die aggressive Erregung der Zeitungen zu dämpfen, beschließt George Harrison, eine Pressekonferenz einzuberufen, die die Meinungsverschiedenheiten beilegen und das Spiel beruhigen soll. Der Kensington Roof Garden wird als Ort der Gegenüberstellung gewählt. Sean Penn zieht sich zurück, der sanfte Beatle sieht bestürzt seiner Niederlage zu: Er wollte Frieden stiften, und es geschieht genau das Gegenteil. Die Fragen sind giftig, die Journalisten bilden eine geschlossene Front gegen die Sängerin und ihren Mann. Gemeinhei-

ten und Beleidigungen fliegen hin und her, zumal Madonna zu der Arroganz zurückgefunden hat, mit der sie sich als junges Mädchen in der schlimmen New Yorker Zeit zu verteidigen wußte. Sie kontert die Anschuldigungen der Paparazzi durchweg in scharfem Ton. Die Atmosphäre bleibt eine Zeitlang gespannt.

Als der Film Anfang 1986 anläuft, ist er ein totaler Flop. Die Kritik verreißt ihn, und das Publikum lehnt ihn ab. Das ist der erste Mißerfolg in ihrer Karriere. Es ist schmerzlich, damit zu leben, aber Madonna gehört nicht zu den Menschen, die sich über ihr Schicksal beklagen. Sie wird mit »Live to

Tell«, einer romantischen Ballade, die das Album *True Blue* vorwegnimmt, zurückschlagen. Die Single ist wieder einmal ein phänomenaler Erfolg.

Dieses dritte Album – wen wundert's? – bricht erneut eine Reihe von Rekorden. Während sich die Nullen hinter den Verkaufszahlen vervielfachen, klettern die von *True Blue* ausgekoppelten Singles eine nach der anderen an die Spitze der internationalen Hitparaden, als sei es das Natürlichste von der Welt. Zuerst »Live to Tell«, dann »Papa Don't Preach«, danach »Open Your Heart« mit seinem berühmten Skandalclip, den der Franzose Jean-Baptiste Mondino ge-

dreht hat. Dann, im Frühjahr 1987, »La Isla Bonita«, das in die Radiosender der freien Welt etwas spanische Sonne bringt (was gerade hoch in Mode ist). Während sie sich von *Shanghai Surprise* lossagt, beginnt Madonna, die immer noch entschlossen ist, auch beim Film Karriere zu machen, in New York mit den Dreharbeiten zu ihrem neuen Film. Er hat zunächst den Titel »Slammers« und kommt schließlich unter dem sehr viel kommerzielleren Namen *Who's That Girl* in die Kinos. Unter der Regie ihres Freundes James Foley zeigt der Film eine freche Madonna in der Rolle einer total verrückten Punkerin – zusammen mit dem Schauspieler Griffin Dunne, der zuvor durch *After Hours* bekannt geworden ist.

Die Originalversion des Films dient als Vorwand für die Aufnahme von vier Songs: »Who's That Girl«, natürlich, aber auch »Causing a Commotion«, »The Look of Love« und »Cant' Stop«. Die jetzigen Getreuen – Steve Bray und Pat Leonard – sichern sich ihren Anteil an der Arbeit, und das Album erscheint als halbes Madonna-Album, da die anderen Songs in dem Film von anderen Interpreten gesungen werden. Aber wer ist wohl auf dem Cover abgebildet?

Zu Beginn des Sommers läuft für Madonna alles besser: Ihr drittes Album ist unterwegs, sie ist nach wie vor, und mehr denn je, die Sängerin Nummer eins, und sie tut weiterhin, was sie will. Nach dem Vorbild Marilyn Monroes hat sie ihre eigene Filmproduktionsgesellschaft, die Siren Films, gegründet, und sie erwartet sich viel von ihrer neuen Komödie. Trotz der Scheidungsgerüchte, die regelmäßig in den Klatschspalten der Zeitungen auftauchen, sind die Beziehungen zwischen dem Star und ihrem zornigen Gatten eher gut. Sean Penn hält sich in Los Angeles auf, wo er unter der Regie von Dennis Hopper *Colors,* einen Film über den Krieg der Gangs in East L. A., dreht. Er nützt die Zeit, weitere Beispiele für seinen legendären miesen Charakter zu liefern, indem er einige Unvorsichtige, die es gewagt haben, sich ihm zu nähern, ohne darum gebeten worden zu sein, heftig verprügelt, was ihm erneut Strafen und Prozesse einbringt. Aber er scheint immer noch in seine Frau verliebt zu sein, und er schenkt ihr zu ihrem 27sten Geburtstag ein herrliches, perlmuttfarbenes Thunderbird-Cabriolet, Baujahr 1956.

Wenn die beruflichen Wechselfälle sie trennen, führen Madonna und Sean lange Telefongespräche miteinander. Ist Sean nicht der entzückendste Junge der Welt? Madonna ist davon überzeugt, denn auf dem Album *True Blue* steht eine Widmung, die keinen Widerspruch duldet: »This album is dedicated to my husband, the coolest guy in the universe« ...

Das Jahr 1987, das mit einem neuen Film und einem hervorragenden Album eigentlich schon recht gut gelaufen ist, sollte jedoch mit einem weiteren großen Ereignis seinen Höhepunkt erreichen: Madonnas erster Welttournee.

Die Neuigkeit wird am Anfang des Sommers bekannt, sie gibt den Startschuß für ein wahnwitziges Sich-gegenseitig-Überbieten. Was sich da ankündigt, ist nichts Geringeres als eine der großartigsten Shows, die je quer über die Kontinente zog. In Japan wird der Kampf mit »Who's That Girl« eröffnet.

Dann sind die Vereinigten Staaten und dann Kanada an der Reihe, sich vor der Nummer eins der Popmusik zu beugen. Der Druck in Europa steigt, man ahnt, daß in der Alten Welt die Hysterie ihren Höhepunkt erreichen wird. Immerhin haben die USA bereits eine Madonna-Tournee erlebt, sie haben Zeit gehabt, sich daran »zu gewöhnen«! Von der anderen Seite des Atlantiks treffen Informationen ein, die ersten Bilder erscheinen in der Presse und im Fernsehen. Man erwartet etwas Einzigartiges.

Madonna landet in England, sie füllt das Wembley-Stadion und löst eine wahre Madonnamanie aus. Vergessen die Zeit der süß-sauren Kommentare in der Skandalpresse, die amerikanische Sängerin wird am Flugplatz von einer riesigen Menschenmenge empfangen, und ihr Aufenthalt in London, im Land des legendären Phlegmas, löst einen regelrechten Erdrutsch aus.

In Frankreich sollte sich Madonnas Besuch sogar zur Staatsaffäre ausweiten!

Das Hexagon hat, wie gewöhnlich, lange gebraucht, bis es in Gang gekommen ist. *Like a Virgin* und seine lange Reihe von Hits waren nötig, bis sich die Ciccone endgültig in die Herzen der Franzosen gesungen hat. Aber seit diesem Titel, der sie ins Scheinwerferlicht gerückt hat, wird sie vom französischen Publikum regelrecht gehätschelt, mit jedem ihrer Titel hat sie die ersten Plätze der Charts belegt, ihre Clips werden von den Fernsehsendern ständig ausgestrahlt, und vor allem sind sich alle über sie einig: die Teenagerpresse, die Spezialhefte, die Tages- und Wochenzeitungen – überall herrscht allgemeine Übereinstimmung über die Größe und das Charisma des amerikanischen Stars.

Man ahnt, daß der Zustrom anläßlich ihres Aufenthalts in Paris alle Rekorde schlagen wird. Man hat den Park des Château de Sceaux in der näheren Umgebung der Stadt für die Disko-Messe ausgesucht. Aber das geht nicht ohne Ärger, Gemauschel und bissige Kommuniqués ab: Aus Angst vor der Aussicht, von den jugendlichen Horden überrannt zu werden, rufen die Anlieger vereint »Skandal« und weigern sich strikt, den Riesenzirkus in ihre hübsche kleine Stadt zu lassen. Gerüchte, daß alles abgesagt werde, gehen um, aber sie überzeugen niemanden, weil der finanzielle Einsatz zu hoch ist.

Die Politiker und ihre niedrigen Anliegen sollten das Pro-

Jordan's Food Center
Watts, California
HAMBURGERS

blem lösen. Ein Jahr vor den Präsidentschaftswahlen stellt der Bürgermeister von Paris und Kandidat der Rechten, Jacques Chirac, fest, daß seine Chancen bei den Jugendlichen gleich Null sind, jedermann weiß ganz genau, daß die Kultur ihn zutiefst langweilt, erst recht der Rock'n'Roll! Seine Berater meinen, daß Madonna eine hervorragende Gelegenheit sei, um sein Image zu verjüngen und etwas lockerer zu gestalten. Mit Hilfe seiner Tochter, die ein Fan der Sängerin sein und ihn am Vorabend des Konzerts von den echten Qualitäten der »dance music« überzeugt haben soll, tut Jacques Chirac alles, damit das Konzert zugelassen wird, und er stellt es sogar unter seine Schirmherrschaft! Sein Diktat wischt bei der Stadtverwaltung von Sceaux alle Nachbarschaftsprobleme vom Tisch. Er bietet eine beträchtliche Verstärkung der polizeilichen Sicherheitskräfte an. Und schließlich, damit sich das alles auch lohnt, organisiert er einen Empfang im Rathaus, bei dem viele Medien zugelassen sind. Umarmungen, Lächeln in die Kameras. Überreichung eines ansehnlichen Schecks für den Hilfsfonds der Aidsforschung durch Madonna in Anwesenheit der Präsidentin der Gesellschaft, der ewig swingenden Line Renaud, kurz, man schwimmt voll auf der Science-fiction-Welle.

Trotz dieser unangenehmen Präliminarien wurde der 31. August 1987, einer der wärmsten Tage des Jahres, doch zum Madonna-day.

Mit ihrem Gefolge und ihrem eigenen Sicherheitsdienst hat sie ihr Hauptquartier im Hotel Crillon aufgeschlagen, das Tag und Nacht von den Legionen ihrer hartnäckigsten Pariser Fans belagert wird. Ein goldener Zufluchtsort, der Tag und Nacht bewacht wird, als ob er einen »höchst gefährdeten« Staatschef beherbergen würde! Aber um den Klatschspalten in den Zeitungen Nahrung zu geben, absolviert sie ihr tägliches Jogging in den Straßen von Paris, dicht umringt von ihren Gorillas und von den sportlichsten unter den Paparazzi verfolgt. In diesen Tagen geht es nicht um Fausthiebe und Schlägereien mit indiskreten Fotoprofis – diesmal stellt Madonna

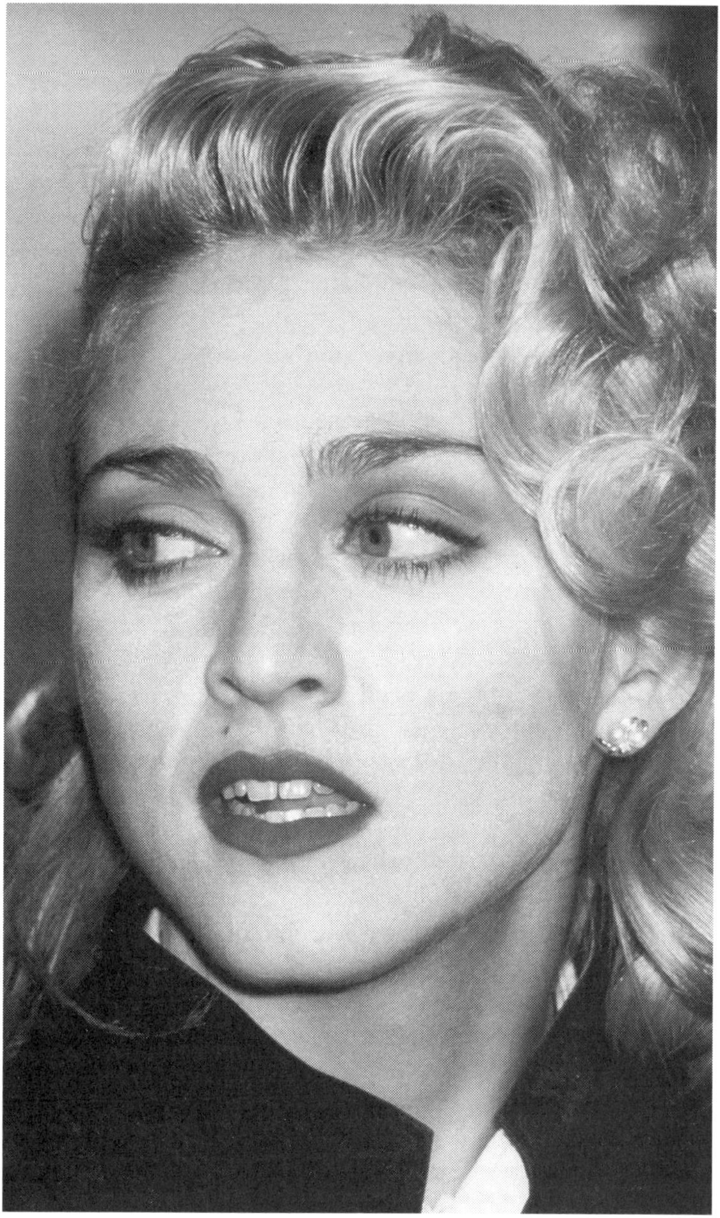

ein neues Image zur Schau: Sie wirkt sportlich, cool, selbstsicher und ist körperlich voll erblüht.

Der letzte Augusttag wird wie eine Schlacht vorbereitet, Metros und Vorortzüge fahren doppelt so häufig wie sonst, Fahrscheinkontrollen gibt es nicht, und vom frühen Morgen an ergießt sich ununterbrochen eine Flut von jungen Leuten aus den überladenen S-Bahnzügen in den Bahnhof von Sceaux. Nichts ist dem Zufall überlassen worden, die Menge wird bereits am Bahnhof kanalisiert, Barrieren begrenzen die Zufahrtsstraßen, und uniformierte Polizisten, die alle zehn Meter postiert sind, passen auf, daß sich der Überschwang in Grenzen hält.

Die sanft ansteigenden Gärten des Parks von Sceaux bieten ein unerhörtes Schauspiel, der Besucherrekord für ein Konzert, bei dem Eintritt gezahlt werden muß, ist längst geschlagen, kein großer Name in der Rockszene hat in der Vergangenheit eine so große Zahl von Zuschauern angezogen. An diesem Tag sind mehr als 120000 Menschen da, um Madonna zuzujubeln. Das entspricht der Gesamteinwohnerzahl einer mittelgroßen Stadt. Auch die Zahl französischer Stars, die lieber gestorben wären als beim Ereignis des Jahrzehnts nicht dabeizusein, ist sehr beeindruckend. Alle Gesichter vom Fernsehen, vom Chanson, vom Film, von den Medien, von der Politik sind da, sie stehen in dichten Reihen, darunter zahlreiche Polit-Bonzen, um die »Schirmherrschaft« Jacques Chiracs bis zum Ende zu garantieren. Der Kassenmagnet Sylvester Stallone ist höchstpersönlich mit seiner neuen Freundin gekommen, um seine Landsmännin anzufeuern, die kleine Italo-Amerikanerin, die es geschafft hat, die Welt zu erobern! Die Show ist umwerfend. Madonna ist in Hochform, schlank, muskulös, mit kurzem, glamourhaft-platinblond gefärbtem Haar, sie steht mehr als zwei Stunden auf der Bühne, wechselt bestimmt zehnmal das Kostüm, wirbelt zwischen ihren Tänzern umher, bringt ihre Songs, Sketches und Spezialeffekte so sicher und brillant herüber, daß man baß erstaunt ist.

Im Hubschrauber, der für diese Gelegenheit gechartert wurde und mit dem sie zum Ort ihres Triumphes fliegt, kann sie in aller Ruhe über den zurückgelegten Weg nachdenken. Das kleine Mädchen aus Bay City, das die Welt beherrschen wollte, nicht aus Machthunger, sondern von einer unwiderstehlichen Kraft dazu getrieben, der Welt ihre gute Laune und ihr Gefühl für den Beat mitzuteilen, sieht unter sich einen wogenden Teppich aus Fans, Leuten aus einem anderen Land, mit einer anderen Sprache als der ihren, die in so großer Zahl gekommen sind, um mit ihr diese großartige Messe voll Rhythmus und Farben zu feiern.

Unmittelbar nach dem Höhepunkt in Paris zelebriert das nach Frank Sinatra berühmteste Mitglied der italienischen Gemeinde Amerikas seine Messe im Land seiner Vorfahren. Im Stadio Communale von Turin bringt sie vor 75000 ekstatischen Fans ihre millimetergenau ausgearbeitete Show. Daß sie ihre Songtexte in italienisch erläutert, ist ein zusätzlicher Höhepunkt. Die gesamte Halbinsel erliegt dem Charme der ältesten Ciccone-Tochter, dem schönsten Beispiel für die sagenhaften Aufstiegsmöglichkeiten im Gelobten Land …

Am Ende dieser homerischen Tournee hat Madonna nichts mehr zu befürchten. Sicher gibt es immer ein paar Nörgler, die sich darüber beklagen, daß es unmöglich ist, etwas zu sehen oder zu hören, wenn man das Pech hat, mehr als hundert Meter von der Bühne entfernt zu stehen. Es ist richtig, daß es trotz der riesigen Bildschirme, die das Konzert direkt übertrugen, und trotz des phänomenalen Sounds natürlich ziemlich schwierig war, in die Show »einzusteigen«, aber so ein Ereignis ist eben alles andere als ein wirklich musikalisches Erlebnis. Es ist das typische Syndrom der achtziger Jahre, einer neuen Ära: Dem hauptsächlich jugendlichen Publikum gefällt es, sich bei unmenschlichen Mammutkonzerten zusammenzudrängen, um seinen Herdentrieb auszuleben, seine Lust an diesen von den Medien hochgepuschten, gesponserten, beinahe obligatorischen Zeremonien miteinander zu teilen.

Ende 1987 kann Madonna daran denken, der Bühne eine Zeitlang fernzubleiben. Die Position, die sie sich in der Musiklandschaft geschaffen hat, ist uneinnehmbar. Sie hat zig Millionen Schallplatten in aller Welt verkauft, ihr Konterfei ziert die T-Shirts der Vorstadtgören von Manila, und ihre Platten werden von den Rockfans im Osten auf dem Schwarzmarkt gehandelt. Man sollte annehmen, daß sie, des allzu anstrengenden Ruhmes müde, ihre bereits legendäre Karriere jetzt lieber etwas geruhsamer angehen würde. Aber das entspricht nicht dem Stil des Hauses!

Niemand will eine artige Madonna

Wenn es ein Diplom für die Persönlichkeit des Jahres gäbe, könnte Madonna es sich an die Wand hängen, zu ihrer Kollektion von Platinschallplatten, neben die von 1985. Auch dem Jahr 1987 hat sie ihren Stempel aufgedrückt und ihren Kollegen wenig Platz übriggelassen. Platten, Filme, Konzerte, alles, was die Ciccone anfaßt, verwandelt sich in Gold, als ob sie als kleines Mädchen kopfüber in den Kessel gefallen wäre, in dem der Zaubertrank des Erfolges zubereitet wird! Um das Jahr gut zu beschließen, bringt sie ein neues Album auf den Markt, das eigentlich gar keins ist.

You Can Dance kommt im November heraus und ist eigentlich ein Remix von alten Stücken, die allerdings um das unveröffentlichte »Spotlight«, geschrieben von Steve Bray und Madonna, erweitert sind. Alle Mitstreiter im Studio, Jellybean, Reggie Lucas und Shep Pettibone, sind gekommen, um als Zauberer des »dance mix« zu fungieren, um Nägel mit Köpfen zu machen und, falls nötig, das Tänzerische in Madonnas Musik noch mehr hervorzuheben. Dieses Album dient, ebenso wie *Who's That Girl,* dazu, die fanatischsten Anhänger vorerst einmal zufriedenzustellen, denn das wirklich neue Album kommt nicht sofort.

Madonna, die sich auf dem Gipfel ihres Ruhmes behaglich eingerichtet hat, will noch einmal alles über den Haufen werfen, ein neues Risiko eingehen, das Lampenfieber kennenlernen, den kräftigen Adrenalinschub, der der Motor ihres Lebens ist. Sie hätte kürzertreten, ihre Villa in Malibu, hoch über dem Pazifik, genießen oder in aller Ruhe ihre neue New Yorker Wohnung, hoch über dem Central Park, einrichten können, aber das Nichtstun ist nicht ihre Stärke. Ohne Arbeit langweilt sich Madonna sehr schnell. Sport treiben, ausgehen, über Filmprojekte nachdenken, Kunstgalerien besichtigen, Bilder kaufen, ihre Sammlung von Kunstwerken des Art Deco und Art Nouveau oder der Graffiti-Künstler Jean-Mi-

chel Basquiat und Keith Harring vergrößern, all das kann sie einfach nicht völlig ausfüllen.

Madonna hat zuviel Energie, zu sehr den Wunsch, etwas Neues zu machen, zu entdecken, als daß sie es ein paar Wochen lang ohne ein neues großes Projekt aushalten würde.

Um so mehr, als Ende des Jahres 1987 zum ersten Mal die Scheidung beantragt wird. Der Alltag mit Sean Penn wird immer unerträglicher. Das dynamitgeladene Paar hört nicht auf, sich gegenseitig zu zerfleischen und sich dann wieder zu vertragen, eine ununterbrochene Folge von Episoden, die jedesmal die Skandalpresse in Entzücken versetzen. Trotz der schlechten Kritiken über die Filme *Shanghai Surprise* und *Who's That Girl* legt Madonna mehr und mehr Wert darauf, sich als Schauspielerin zu beweisen. Und um sich endgültig

ein Image als Schauspielerin zu verschaffen, beschließt sie, beim Theater zu debütieren. Vom Theater kennt sie nur die paar Stücke, die sie im Schulclub in Rochester vor bereits gut zehn Jahren gespielt hat. Aber hier handelt es sich um Broadway, um »ernstes« Theater, um echte Kultur, denn das Stück, in dem sie spielen will, *Speed the Plow,* ist von David Mamet, einem der zeitgenössischen Autoren, die sich das amerikanische Theater zur Ehre anrechnet.

Die Partie ist noch lange nicht gewonnen, die Welt des Theaters ist tausend Meilen von der des Showbusiness entfernt, es ist nicht dasselbe Publikum, und diese Leute können mit einer Popsängerin, die außerdem für ihre Eskapaden ebenso wie für ihre Songs weltbekannt ist, in einer schwierigen Rolle in einem Intellektuellenstück nichts anfangen.

Jeder andere Star hätte sich über eine derartige Herablassung entrüstet und diesen eingebildeten Leuten die Türe vor der Nase zugeschlagen, aber Madonna besitzt die seltene Gabe, daß sie immer wieder zu einem Neuanfang bereit ist. So akzeptiert sie, wie in den allerersten Zeiten, einen Vorsprechtermin. Sie bietet ihr ganzes Können auf, liefert eine Interpretation, die keinerlei Grund zur Beanstandung bietet, und bekommt die Rolle.

Speed the Plow, wo Madonna die undankbare Rolle einer braunhaarigen, häßlichen, schlecht angezogenen und psychisch gestörten Sekretärin spielt, hält sich neun Monate lang am Broadway und wird von Kritik und Publikum einstimmig gelobt. Die Rolle laugt die Sängerin aus, es ist schwierig für sie, eine leidende Figur zu spielen, die ganz das Gegenteil von dem darstellt, was sie berühmt gemacht hat. Aber sie will diese Erfahrung bis zum Ende durchziehen. Fast ein ganzes Jahr lang tut sie sich jeden Abend diese Bußübung an, das Lampenfieber, ein Publikum, das ihr teilweise feindlich gegenübersteht, schon wegen der Figur, die sie darstellt, und dann jedesmal der Hin- und Rückweg, eine echte Geduldsprüfung, vor der sie sich fürchtet, das ewige Wettrennen mit den Fans und den Zeitungsreportern. Denn die Fans sind

natürlich da, sie würden um nichts in der Welt diese Gelegenheit verpassen, so nahe an ihren Star heranzukommen; ein Theater ist kein Stadion, die Schauspieler stehen direkt vor einem, man kann ihre Angst riechen, den Hauch ihrer

Stimme spüren, den Luftzug, wenn sie sich bewegen ... Jeden Abend ist ein Großteil des Publikums nur gekommen, um Madonna zu sehen, wie einst die Fans von David Bowie, die ihm ihre Treue bewiesen, als er vor ein paar Jahren die ebenfalls schwierige Rolle des Elephant Man an einem anderen New Yorker Theater gespielt hat.

Miß Ciccone geht aus dieser Prüfung erschöpft, aber glücklich hervor, sie hat die Wette gewonnen; die New Yorker Kritiker sind außerordentlich hart, richtige Tyrannen, die es in der Hand haben, ob ein Stück läuft oder ob es von der ersten Vorstellung an gestorben ist. Diese Macht war bedroht, da Madonna mit ihren Fans auf keinen Fall verlieren konnte. Aber obwohl damit ihr Vorrecht, am Broadway für Gut- oder Schlechtwetter zu sorgen, in Frage gestellt war, waren die Kritiker von den darstellerischen Fähigkeiten Madonnas begeistert, und sie haben es sogar gewagt, das auch zu schreiben. Durch diesen neuen Sieg erreicht sie, daß man sie als eine Künstlerin mit vielen verschiedenen Facetten endlich ernst nimmt. Jetzt liegt der Schlüssel zu ihrem Erfolg nicht mehr nur in ihrer Persönlichkeit, ihrem Look und einem gelungenen Marketing, jetzt wird sie durch ihre offensichtliche Sensibilität, ihre Entschlossenheit, alles zu versuchen, in ihrer Arbeit erneut unantastbar, die Favoritin der Medien, der zurückeroberte Liebling Amerikas und der ganzen westlichen Welt.

Seit *True Blue* wartet das Publikum auf ein wirklich neues Album der Sängerin. Diesmal wird es in Los Angeles aufgenommen – und es wird eine Überraschung.

Like a Prayer zeigt eine neue Facette Madonnas. Sie ist reifer geworden, und ihre Songs spiegeln ihre Persönlichkeit besser wider. Vorbei mit dem sentimentalen Kitsch, den Songs rund um das Thema der ewigen Jugendflirts. *Like a Prayer* ist eine Frauenplatte. Ihre Themen sind übrigens sehr feministisch. Die Presse macht sich offen über das Lied »Till Death Do Us Part« lustig, das von der zu Ende gehenden Ehe zwischen Madonna und Sean erzählt, mit all dem Geschrei,

den Streitereien, den Eheszenen und Lügen. All das wird ungeschminkt erzählt, man spürt dabei nicht einen Hauch von Exhibitionismus, sondern vielmehr den Ausdruck einer verletzten Frau, die weiß, was es heißt, leiden zu müssen. In »Oh Father« geht es um die immer noch gespannten Beziehungen zu ihrem Vater. Die Familie, wichtiges Thema für eine Tochter italienischer Einwanderer, ist das Leitmotiv der Platte. Übrigens lautet die Widmung diesmal: »Meiner Mutter, die mich zu beten gelehrt hat!« Das Lied »Like a Prayer« drückt, vor dem Hintergrund von Gospelmusik, ihre Bindung an das Konzept Familie und Glauben aus. »Promise to Try« erinnert an die Sehnsucht eines Kindes nach der Mutter, die grausamste aller Sehnsüchte, weil sie sich nie erfüllen wird: die Sehnsucht nach der allzu früh verstorbenen Mutter. »Keep It Together« ist eine weitere Hymne an die Familie, bei der man hier und da einen Hauch von Todesangst spürt oder die heitere Gewißheit, die das Vertrauen in das Gebet vermittelt …

Wieder einmal sorgt Pat Leonard für die Produktion des Albums und Madonnas Miturheberschaft bei den Songs. Auch Steve Bray wird nicht übergangen, er ist für zwei Lieder verantwortlich. Endlich bringt ein lang erwartetes Duo Prince und Madonna, die seit langem befreundet sind, zusammen, und sie besiegeln diese Freundschaft mit einem sehr hitverdächtigen »Love Song«. Aber bevor *Like a Prayer,* Madonnas viertes Album, herauskommt, hat sie noch einmal die Ehre, als Nummer eins in den Klatschspalten zu erscheinen. Nur Sean Penn und Madonna wissen, was in jener berüchtigten Nacht des 28. Dezember 1988 wirklich passiert ist. Die Geschichte, die die Zeitungen in aller Welt voneinander abschreiben, lautet so, daß ein neuer Streit des Paares sich geradezu James-Bond-mäßig ausgeweitet habe: Sean soll seine Frau an einem Stuhl festgebunden, sie mißhandelt und die ganze Nacht so sitzen gelassen haben; daraufhin habe ihn die Sängerin angezeigt, die Polizei sei in die eheliche Wohnung in Malibu gekommen, und es habe ein Hin und Her von Erklärungen und Widerrufen gegeben. Sean seinerseits soll seine Frau beschuldigt haben, daß sie ihn tätlich angegriffen habe, weil er sich öffentlich mit einer Striptease-Tänzerin gezeigt habe. Ein paar Tage später zieht Madonna ihre Klage zurück und beschuldigt die Zeitungen, die Sache aufgebauscht, ja sogar, sie Punkt für Punkt erfunden zu haben.

Wie dem auch sei, das Zusammenleben der beiden Stars ist an einem Punkt angelangt, wo ein Zurück nicht mehr möglich ist. Am 5. Januar 1989 wird erneut die Scheidung eingereicht, diesmal endgültig.

Trotz des bei der Hochzeit unterzeichneten Ehevertrages, in dem die Eheleute festlegten, daß im Fall einer Scheidung keiner auf das Vermögen des anderen Anspruch habe, hat Madonna Sean offensichtlich die Villa in Malibu überlassen. Ein Trennungsgeschenk im Wert von einigen hunderttausend Dollar!

Als kalifornische Bleibe gönnt sich Madonna eine neue Villa, deren Größe, Wert und Ausstattung von den Medien

natürlich wieder einmal übertrieben dargestellt wird. Aber wie könnte es auch anders sein? Der Star kann nichts anderes verlangen, schließlich ist Madonna Teil der Öffentlichkeit, und vor allem hat sie ihre Popularität ja gerade dadurch gefestigt, daß sie viel Tinte zum Fließen brachte und den Wirtshausgesprächen Nahrung gab. Diese Tendenz zur Selbstdarstellung ist viel zu sehr Teil von ihr, als daß sie sich je ganz davon befreien könnte. Der Klatsch verstummt auch nicht, als sie sich mit ihrer Freundin Sandra Bernhardt zeigt, einer Schauspielerin, mit der sie gefeiert hat, um ihre geräuschvolle Scheidung zu vergessen. Der Skandal erreicht seinen Höhepunkt, als die beiden Mädchen zusammen in der David-Letterman-Show auftreten, einer Fernseh-Talkshow, in der beide, gekleidet wie Zwillinge, eine sehr spezielle Komplizenschaft zur Schau stellen. Sandra geht sogar soweit, den gewagten Satz zu äußern: »Ich habe mit Sean geschlafen, aber er war eine Niete, du warst viel besser!« Ein Satz, der am nächsten Morgen in sämtlichen amerikanischen Zeitungen steht, die sich, wie jedermann, genußvoll fragen: Ist Madonna homosexuell?

Ihre angeborene Vorliebe für Provokation, ihr Geschick, sich in den Vordergrund zu spielen, sich unentbehrlich zu machen, das ist wohl die zutreffende Erklärung für diese natürliche Neigung, von sich reden zu machen. Madonna und Sandra tauchen wieder zusammen in Los Angeles auf, um einen Tanzabend zugunsten der Aidsforschung mit ihrer Anwesenheit zu beehren.

Madonna hat nie das Bedürfnis gehabt, bei den zahlreichen – von ganzen Journalistenhorden heimgesuchten – Wohltätigkeitsveranstaltungen mitzumachen. Sie hat 1985 an dem Konzert für Äthiopien, nicht aber an der Vereinigung amerikanischer Sänger für »USA for Africa« teilgenommen. Allerdings hat sie bei der Kompilation *A Very Special Christmas* mitgemacht, einem Album, das Ende 1987 herauskam (zusammen mit Künstlern wie U2, Eurythmics, Bruce Springsteen, Bon Jovi, Sting, John Cougar Mellencamp, The Pretenders, Run

B·A·D

DMC, Whitney Houston etc.). Das ist eine Platte mit Weihnachtsliedern, deren Erlös der Organisation zugute kam, die die Olympischen Spiele für Behinderte abhält. Sie singt darauf eine Judy Garland stark nachempfundene Version von »Santa Baby«, mit Glöckchengebimmel und Kleinmädchenstimme. Dieses Sammlerobjekt, das von A & M vertrieben wurde, ist heute schwer aufzutreiben.

Madonnas bevorzugtes Thema ist eindeutig der Kampf gegen Aids. Wir erinnern uns, daß sie anläßlich ihres Konzerts in Paris mit großem Pomp und in Anwesenheit des Bürgermeisters von Paris einen hohen Betrag für die französische Aidsforschung gestiftet hat. 1988 dreht sie unentgeltlich einen Werbespot, der in den USA gesendet wird, um die Jugendlichen vor den Gefahren von Drogen und ungeschützter sexueller Promiskuität zu warnen. Auch in ihr Album *Like a Prayer* ist eine kleine Bemerkung eingeflossen, mit der sie ihrem Publikum die Wichtigkeit von »safer sex« nahebringt. Unter den »Ausschußliedern« des Albums, Liedern, die zwar aufgenommen wurden, aber dann nicht auf der Platte erschienen sind, befindet sich ebenfalls ein Lied zum Thema »safer sex«. Sie hat es zusammen mit Steve Bray geschrieben und produziert. Titel: »First Is a Kiss«. Vielleicht wird es demnächst auf einer Maxi erscheinen oder auf der B-Seite einer Single.

Dieses Problem liegt der Sängerin seit dem Tod ihres Freundes Martin Burgoyne am Herzen. Burgoyne, ihr erster Impresario und Verfasser von *Lucky Star,* der ersten Madonna-Biographie (1985 in den USA erschienen), ist an dieser Krankheit gestorben. Das Homosexuellenmilieu hat Madonna immer stark unterstützt, weil es in ihr früh einen Star vom Kaliber der Mae West erkannte, der sich nicht scheute, Ärgernis zu sein. Zugleich liefert sie die zügellose »dance music«, die in den Schwulenclubs ausschließlich konsumiert wird. Dieses Vertrauen und diese Treue werden von der Sängerin voll und ganz erwidert. Sie fühlt sich verpflichtet, bei der Lösung dieses überaus schwerwiegenden Problems mitzuwirken.

Like a Prayer hätte normalerweise im Alleingang viel Wind machen müssen, doch sorgten etliche »Skandale« für zusätzliche Publicity und dafür, daß das Album vom ersten Tag seines Erscheinens an die Hitparaden stürmte.

Der Clip zum Titelsong rief enorme Entrüstung hervor. Von Mary Lambert aufwendig gedreht, enthält er ein paar Szenen, die sich auf die Religion beziehen und die die reaktionären und moralistischen Randgruppen, die in den USA eine starke Lobby haben, schockierten. In Italien führten sie zu seiner Beschlagnahme, nachdem die Vereinigung Famiglia Domani gefordert hatte, ihn zu verbieten. Gewisse Bilder sind den Bigotten im Halse steckengeblieben: Madonna, wie sie einen schwarzen Heiligen umarmt und an den Händen die Wundmale des gekreuzigten Christus trägt. Nun hatte Ma-

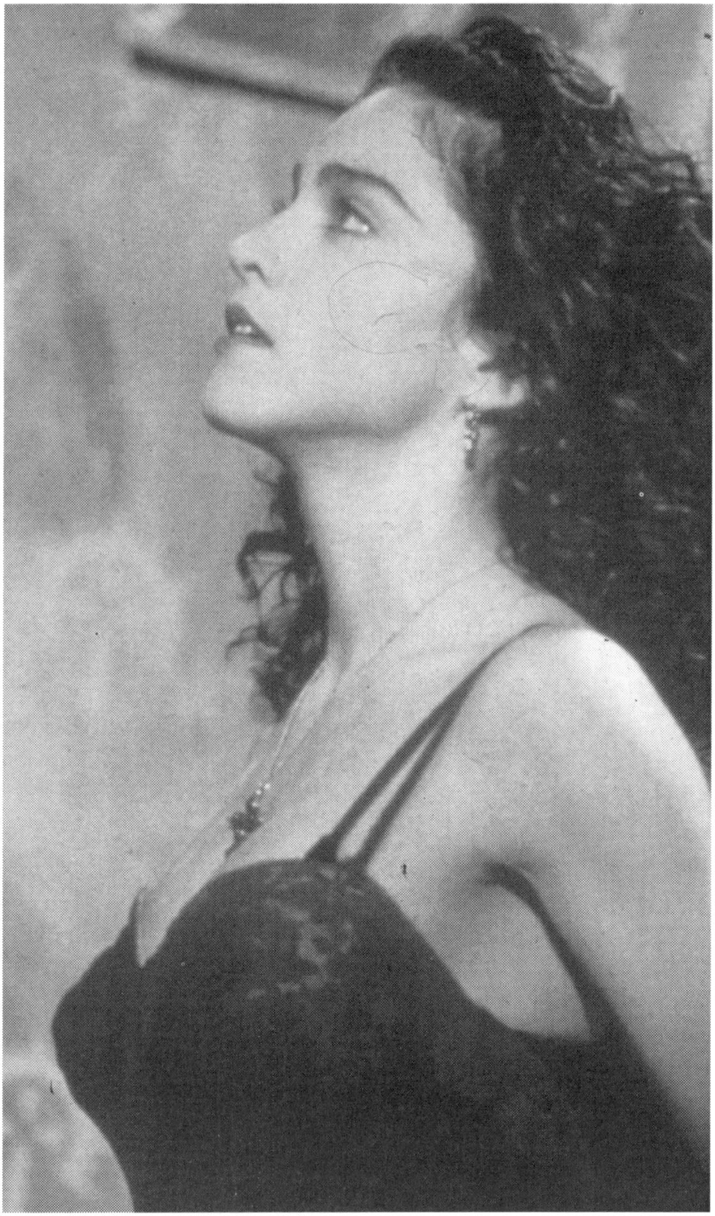

donna zur selben Zeit einen Vertrag mit der Firma Pepsi-Cola für einen Werbespot unterzeichnet, in dem sie das Thema des Clips wiederaufnimmt. Pepsi hatte, neben anderen Superstars, bereits das Image von Michael Jackson, Tina Turner und George Michael benutzt, um die Jugendlichen in aller Welt über ihre Lieblingssänger anzusprechen. Joe Prytka hat den Streifen gedreht, der Madonna fünf Millionen Dollar einbrachte! Nachdem die Gesellschaft unter dem Druck der amerikanischen Moral Majority die Entscheidung immer wieder hinausschob, beschloß sie schließlich, von der Verbreitung des Spots in den Vereinigten Staaten abzusehen. Statt dessen wurde er in Europa verwertet, wo das Publikum offensichtlich fortschrittlicher ist. Während über diese Affäre heftig diskutiert wurde und »Like a Prayer« weltweit auf die ersten Plätze der Charts vorrückte, um sich dort für lange Zeit

zu halten, hat Madonna das Feld für die zukünftige Entwicklung ihrer Karriere bereitet. Mit Rekorden auf allen Gebieten vertraut, hat sie soeben den des teuersten Clips gebrochen, der bis dahin von Michael Jackson (für »Thriller«) gehalten wurde. Die Dreharbeiten zu »Express Yourself« haben tatsächlich ein Budget von über fünf Millionen Dollar verschlungen, das ist mehr, als das Budget für die meisten französischen Kinofilme!

Die Paparazzi verkünden jede Woche, daß sie einen neuen Freund habe; man sieht sie in Begleitung von Jason Calargo, einem jungen Mann von zwanzig Jahren, den sie bei den Dreharbeiten zu der Pepsi-Werbung kennengelernt hat, dann mit Jeffrey Hornaday, einem bekannten Choreographen, der mit ihr zusammengearbeitet hat, ja sogar mit Warren Beatty, dem Champion unter den Verführern Hollywoods, mit dem sie soeben ihren neuen Film gedreht hat, eine Bearbeitung des klassischen Comic-strips »Dick Tracy«. Wieder erblondet, spielt sie in dieser Superproduktion, die Ende 1989 in die Kinos kommt, ihre erste böse Rolle: die Breathless Mahoney.

Mehr denn je ist Madonna an allen Fronten gegenwärtig. Wen könnte es verwundern, wo sie doch immer die ganze Welt verschlingen wollte?!

Eine sehr kathodische junge Frau

Vom Beginn ihrer Karriere an hat Madonna begriffen, daß ihre Popularität langfristig einer soliden Grundlage bedurfte, und diese Grundlage war das Image. Bei ihren unleugbaren Qualitäten als Schauspielerin und Tänzerin war der Videoclip das ideale Werkzeug, um dieses Image zu festigen. Auf diesem Weg konnte sie es in jede Wohnung bringen, jeden Jugendlichen erreichen, eine Persönlichkeit, einen Look, eine allgemeine Attitüde durchsetzen und zugleich Geschichten erzählen, das Lied visuell fortsetzen.

In perfektem Timing hat sich die Ära des Musikvideos parallel zur Karriere der Sängerin entwickelt. Der Clip ist eins der bemerkenswertesten Phänomene des Showbusineß, eine echte Revolution, die mehr und mehr dazu tendiert, die Sendung im Radio als wichtigstes Medium für die Verbreitung von Musik zu ersetzen. Vorher mußten Rockmusiker Hunderte von Konzerten geben, aufwendige Tourneen veranstalten, sich nach und nach eine Gefolgschaft erobern, bevor sie bei einem breiten Publikum bekannt wurden. Die Musiksendungen im Fernsehen – der amerikanische Kabelsender MTV spielt hier die Hauptrolle – werfen dieses Prinzip über den Haufen, indem sie das Image des Sängers durchsetzen, so wie dieser es bestimmt und inszeniert hat. Am Anfang hatte Madonna noch keinen Zugang zur Szene: Eine Gruppe zu unterhalten, Tourneen auf die Beine zu stellen, all das erfordert eine starke Infrastruktur und eine konsequente Finanzplanung, wenn man nicht jahrelang in den Clubs dahinvegetieren will, die einem eine zwar sichere, aber doch nur begrenzte Fortentwicklung ermöglichen.

Von ihrer ersten Single an setzt Madonna ihre ganze Energie daran, mit einem wackligen Budget – aber dem festen Willen, sich ganz diesem neuen Konzept zu widmen – ein präzises, etwas nuttiges Image aufzubauen, das Image eines modernen Mädchens, das sexy ist und dessen Aussehen und Be-

wegungen immer im Brennpunkt der Kamera stehen müssen. Es gibt eine umfangreiche Videographie von Madonna, da sie zu jedem ihrer Songs, der als Single herausgekommen ist, einen Clip gedreht hat und weil ihre Alben buchstäblich zerstückelt wurden, um den Single-Markt zu versorgen!

Die allerersten Clips sind sehr einfach, sie setzen den Akzent aufs Tanzen und den Look der Sängerin: »Everybody« (gedreht 1983 von Ed Steinberg im Paradise Garage Club), danach »Burning Up« (1983 realisiert von Steve Baron, der mit dem Clip »Billie Jean« von Michael Jackson berühmt ge-

worden ist). Dann kommen »Holiday« (1983), »Borderline« (1984), der erste aus der Serie, die Mary Lambert gedreht hat, eine »Videoclipperin«, deren Karriere eng mit der Madonnas verwoben ist. »Lucky Star« (1984) stammt von Arthur Pierson, aber für »Like a Virgin« (1984) kehrt Madonna zu Mary Lambert zurück, die damit Madonnas Hollywood-Clips einleitet. Der Erfolg bringt entsprechende Budgets mit sich, die mehr Effekte, aufwendige Dekors usw. ermöglichen. In Venedig mit der Sängerin, einem Löwen und den ewigen Kanälen als Stars gedreht, ist »Like a Virgin« ein sehr aufwendiger Clip, und seine Verbreitung entspricht dem triumphalen Erfolg des Songs.

Mit dem Clip »Material Girl« gelingt dem Team ein Coup.

Man hatte Jean-Paul Goude dafür vorgesehen, dieses Video zu drehen, aber schließlich sollte doch Mary Lambert dieses Quasi-Remake des berühmten Films von Howard Hawks, *Gentlemen Prefer Blondes,* realisieren. Madonna spielt die platinblonden Stars mit entwaffnender Natürlichkeit, und sie geht ganz in Marilyn Monroes Rolle auf, als sie »Diamonds Are a Girl's Best Friends« singt. Ihr Partner ist Keith Carradine.

Darauf folgen zwei Clips aus dem Film *Vision Quest* für die Songs »Gambler« und »Crazy For You« (1985), eher belanglose Montagen aus Szenen des Films, in denen Madonna diese Songs interpretiert. Nach demselben Prinzip wird das Lied aus dem Vorspann von *Susan, verzweifelt gesucht,* »Into the Groove«, in einem Clip verwendet, der aus den repräsentativsten Szenen des Films zusammengeschnitten ist.

Madonna setzt die Reihe mit »Angel« (1985) und »Dress You Up« (1985) fort und nimmt dann die Clips zu den Songs von »True Blue« in Angriff. »Live to Tell«, gedreht von James Foley (dem zukünftigen Regisseur von »Who's That Girl«), steht am Anfang der Serie. »Papa Don't Preach« enthüllt Madonnas neuen Look: kurzes, platinblondes Haar, jugendlich und charmant, für einen ödipalen Clip, in dem sie ihre Beziehung zu ihrem Vater perfekt nachspielt. »True Blue« (1986) ist ein ganz schlichter Clip, in dem sich Madonna und drei – wie aus einem Film der sechziger Jahre entsprungene – Chorgirls zwischen weißen Requisiten bewegen.

Das darauffolgende Video wird Geschichte machen, weil es den Zorn der amerikanischen Moral Majority und die Bewunderung der internationalen Kritik weckt. Der Franzose Jean-Baptiste Mondino, dessen geleckten Stil man unter Tausenden herauskennt, zeichnet für diesen Clip verantwortlich. Eine Madonna, die wieder sexy geworden ist – in Netzstrümpfen und glänzendem Body –, bewegt sich darin wie dic Tänzerin in einer Peep-Show und weckt die Liebe eines Knaben, der zu jung ist, um bei ihrer Show dabeizusein.

»Open Your Heart« bekommt bei manchen Fernsehsen-

dern Sendeverbot, was dem Lied, das wie alle anderen ein Erfolg wird, jedoch nicht schadet.

Für Mondino war diese Begegnung auf alle Fälle schicksalhaft.

»Wir haben uns einfach getroffen, sie hat mich unter mehreren Titeln wählen lassen. Das war gleich, nachdem das Album erschienen war. ›Papa Don't Preach‹ und ›True Blue‹ wollte ich nicht machen, aber ›Open Your Heart‹ gefiel mir gut. Ich hab' ein bißchen über die Sache nachgedacht, dann habe ich sie wiedergesehen, hab' ihr erklärt, was ich aus dem Song machen wollte, und sie war sofort einverstanden.«

»Wie arbeitet man mit Madonna. Ist es einfach oder geht das über eine Armee von Managern und Anwälten?«

»Sie arbeitet sehr hart. Wenn man auf diesem Niveau angelangt ist, braucht man notgedrungen Manager und Leute um sich herum, weil es fürs Business soviel zu tun gibt. Aber sonst trifft sie die Entscheidungen. Sie ist ausgesprochen offen und ehrlich, sie behält sich immer das Recht vor, über das, was sie betrifft, selbst zu entscheiden, bis zum letzten Moment. Man kann ihr nichts unterjubeln, und das ist gut so. Dadurch war ich gezwungen, immer im Hinterkopf zu behalten, daß sie während der Dreharbeiten oder beim Schneiden etwas ablehnen könnte.«

»Interessiert sie sich für die Technik, das Drumherum, das Licht?«

»Natürlich, ihr entgeht nichts. Sie ist sehr aufgeweckt, das spürt man sofort. Sie paßt sehr gut auf. Es ist schwierig, darüber zu sprechen, man ist notgedrungen immer auf Konfrontationskurs mit ihr, aber ich glaube, das liegt einfach nur daran, daß sie in keiner Weise manipuliert werden will, und sie hat völlig recht. Sie hat eben diese Kraft, man muß sie einfach mögen. Ich war auch ganz hingerissen von ihr, wie die meisten Leute, man muß sie einfach mögen.«

»Ihre ganze Umgebung unterliegt ständig ihrem Charme?«

»Ich glaube, ja. Ich kann nicht gut reden, weißt du, ich kann mich besser durch Bilder ausdrücken, aber jedesmal, wenn

ich ein Video mache, versuche ich, der Person, die ich in Szene setze, so nah wie möglich zu sein. Deswegen brauche ich dazu so viel Zeit. Es macht mir keine Schwierigkeiten, Ideen zu haben, es liegt vor allem daran, daß ein Clip eben je-

mand ist, sein Leben, seine Persönlichkeit, und ich versuche, so nah wie möglich an das heranzukommen, was ich in ihnen spüre. Und sogar, wenn es mir gelingt, sie ein bißchen zu manipulieren, dann nur deshalb, weil ich eine gute Eigenschaft – oder einen Fehler, den ich in eine gute Eigenschaft verwandeln kann – in den Vordergrund rücken will. Deshalb muß ich die Leute ein bißchen besser kennen, muß mehr von ihnen wissen als das, was die Medien von ihnen zeigen.

Bei meiner Arbeit mit sehr bekannten Leuten konnte ich

feststellen, daß sie nie zu Unrecht bekannt sind! Natürlich ist man zuerst immer erstaunt, wenn man merkt, daß das Menschen wie alle anderen auch sind, aber dann, bei genauem Hinsehen, stellt man fest, daß sie wirklich etwas Magisches an sich haben, daß es da ein Geheimnis gibt, daß sie ihren Ruhm wirklich verdienen. Ich versuche, sie über Wochen, sogar Monate kennenzulernen, bevor ich mit den Dreharbeiten beginne, anders ist es nicht möglich. Ich muß sie oft sehen, bevor ich arbeite, immer wieder.

Bei Madonna habe ich zwei Monate gebraucht, um den Clip vorzubereiten, für nur zweieinhalb Tage Dreharbeit. Nun gut, sie ist nicht jemand, den man jeden Tag sieht, aber ich hatte sie regelmäßig am Telefon, ich sah sie hin und wieder. Das Magische an ihr ist, daß sie durch all das hindurchgegangen ist, was sie hinter sich hat, und sich doch diese Reinheit bewahrt hat. Ich habe es gespürt, es gibt wirklich so eine Art ›Jungfräulichkeit‹ an ihr, sie heißt Madonna, sie hat ›Like a Virgin‹ gesungen, in ›Papa Don't Preach‹ spricht sie vom Kinderkriegen, es ist immer so was Wunderbares um sie. Weil sie in Wirklichkeit anständig ist, kann sie es sich erlauben, in etwas zwielichtige Geschichten verwickelt zu sein – oder in Geschichten, die für Amerikaner ein bißchen bizarr wirken. All das hat sie auf großartige Weise weggesteckt und überwunden. Auch wenn man sie durch den Dreck ziehen kann, bleibt sie immer eine Jungfrau. Das kommt in meinem Clip durch. Ich habe zu ihr gesagt: Du hast etwas unantastbar Magisches, das muß man noch deutlicher zeigen. In ›Papa Don't Preach‹ war sie meiner Meinung nach zu nett, zu gewöhnlich.«

»Ist das die große Rückkehr zum Sexysein?«

»Genau das ist es. Nachdem ich die letzten Clips gesehen hatte, die für meinen Geschmack ein bißchen zu brav waren, wollte ich etwas machen, das von einer sehr ›schlechten‹ Madonna ausgeht, weil es mir sehr gut gefällt, wenn sie ›schlecht‹ ist. Also ist sie eine Peep-Show-Tänzerin, und dann ist da diese ›Gesundung‹, nein, das ist eigentlich nicht das richtige

Wort, aber da ist diese reine Geschichte mit dem Kind, die im Kontrast zu den Blicken der Männer in der Peep-Show steht. Am Anfang eines Clips habe ich immer eine genaue Vorstellung, aber dann werfe ich alles wieder über den Haufen, sonst wird es zu offensichtlich.«

»Die Idee, daß der Besitzer des Etablissements am Schluß auf italienisch flucht, ist das ein Augenzwinkern zwischen euch beiden, etwas, was mit euren Wurzeln zu tun hat?«

»Ich habe festgestellt, daß die Leute auf italienisch oft mit dem Wort Madonna fluchen, und außerdem hat das für mich etwas Fellinihaftes. Sie und ich, wir haben beide italienische Wurzeln, und ich hatte Lust, diesen Hauch des Südländischen hineinzubringen, wenn der Alte flucht ›per la Madonna‹, weil sie ihn verläßt. Die Schlußidee ist, daß sie das Kind rettet, indem sie sich zugleich selbst rettet. Die Anfangsidee ist, daß sie von Männern umgeben ist, die sie auf die Matte legen wollen. Aber sie gibt sich nie hin. Wenn man sie mit den Typen sieht, dann sind das Silhouetten aus Pappe, sie sind falsch. Ich hab' mich ein bißchen in den Peep-Shows in den USA umgesehen, um mich inspirieren zu lassen, und ich hatte den Eindruck, daß die Mädchen einen nicht sehen, das ist wohl ihre Art, sich zu schützen. Hier sieht sie sich im Spiegel, sie tanzt für sich selbst, der einzige Moment, in dem sie verletzlich wird, ist der, als sie sich zu einem der Männer beugt und sieht, daß er etwas niederschreibt. Der Junge draußen ist dabei, ein bißchen wie die Männer in der Peep-Show zu werden, er ist in dem Alter, in dem die Sexualität erwacht, er fühlt sich von dem Bild der Frau, das sie verkörpert, angezogen. Als sie mit ihm weggeht, ist das eine Art Initiation, aber da ist immer noch diese Reinheit. Nun, ich weiß wieder nicht, wie ich das anders ausdrücken soll als im Bild. In gewisser Hinsicht ist es etwas Schlichtes, etwas Zartes, aber es drückt etwas aus, da ist immer noch diese Suche nach der Reinheit.«

»Wie findest du sie als Schauspielerin?«

»Sie ist einfach brillant. In *Susan, verzweifelt gesucht* war sie großartig. Das mit *Shanghai Surprise,* das ist weiter nicht

schlimm. Das stört mich nicht. Je besser es bei den Leuten läuft, um so mehr gefallen mir ihre mißlungenen Sachen, das ermöglicht ihnen, mit frischer Energie neu anzufangen. Jeder hat das Recht, Fehler zu machen, denk' ich! Wenn sie will, kann sie Filme mit Leuten machen, die nicht patzen, die eine gewisse Sicherheit bieten, sie kann mit guten und bekannten Partnern arbeiten. Aber oft kommt es vor, daß sie sich mit Figuren beschäftigt, die hart an der Grenze zum Irrtum stehen, sie geht Risiken ein. Übrigens hat dieser mißlungene Film ihr keineswegs geschadet.«

»Wie ist der Clip in den Vereinigten Staaten angekommen?«

»Es war ein bißchen komisch am Anfang. MTV hat sich zuerst geweigert, ihn zu senden, wegen der Peep-Show. Aber dann hat Madonna darauf bestanden, und da sie ein bißchen Macht hat, hat sie gewonnen, und sie haben ihn gebracht. Das hat eine Welle von Protesten bei verschiedenen feministischen oder moralisierenden Bewegungen ausgelöst. Der Clip kollidierte auf der ganzen Linie mit der Anti-Porno-Kampagne in den Staaten. Sie bewirkt immer diese Art von Reaktionen, aber ich glaube, sie hat in den letzten Jahren viel für Amerika getan, für das Image des Landes in der ganzen Welt.«

Der letzte Clip aus *True Blue* ist das hispanisierende »La Isla Bonita« (1987), wieder ein Renner in den Hitparaden. Darauf folgen »Who's That Girl« und »Causing a Commotion« mit Bildern aus dem Film von James Foley, dann »The Look of Love«. Danach ihr langes Schweigen im Jahr 1988, wo sie sich dem Theater und der Vorbereitung des neuen Albums widmet. Der Clip »Like a Prayer« von Mary Lambert hat bereits viel Tinte zum Fließen gebracht, weil er, ganz unfreiwillig, für neue Skandale sorgt. »Express Yourself«, bisher *die* Superproduktion in der Geschichte des Videoclips, löst »Like a Prayer« ab: Nach Video-Maßstäben gemessen, sind die Achtziger in jedem Fall das Jahrzehnt der Madonna Ciccone.

Auf der Kinoleinwand ...

Die größte Schwierigkeit für einen Popstar wie sie besteht darin, sich in der Kunst der Komödie zu versuchen. Nach einer Anzahl von Filmen aller Art ist es David Bowie oder Sting immer noch nicht gelungen, jene unüberwindliche Barriere niederzureißen, die bewirkt, daß man sie immer als schauspielernde Sänger betrachtet. Auch Elvis Presley ist dies trotz seiner dreißig Filme nicht gelungen, ebensowenig wie Eddie Mitchell oder Johnny Halliday in Frankreich.

Eine solche Situation kann Madonna nicht schrecken. Wie in jedem, der künstlerischen Ruhm erringen will, war der Wunsch, in einem Film mitzuspielen, immer in ihr präsent. Die Erfahrungen, die sie mit dieser Arbeit gemacht hat, haben sie keineswegs entmutigt, im Gegenteil, sie haben sie in ihrem Willen bestärkt, sich in diesem Bereich ebenso auszudrücken wie durch die Musik. Das ging so weit, daß sie sich völlig in das Medium Film hineinvertiefte und mit Siren Films sogar eine eigene Produktionsfirma gründete, die ihre Büros in den Warner-Studios hat.

Die erste Filmerfahrung entsprach ganz ihrer Persönlichkeit und ihrer Situation. Damals, Anfang der achtziger Jahre, als sie in New York ums Überleben kämpfte, zu Vorstellungsterminen lief und als Rocksängerin debütierte, war sie bereit, alles zu versuchen, um Erfolg zu haben. Deshalb reagiert sie auf eine Annonce in den Zeitschriften *Show Business* und *Backstage,* die ein gewisser Stephen Jon Lewicki aufgegeben hat, der eine »Dunkelhaarige mit dominanter Persönlichkeit« sucht. Madonna antwortet mit einem ausführlichen Brief, in dem sie von ihrem Leben, ihren Ambitionen erzählt und dem sie drei Fotos beilegt, zwei klassische Porträtaufnahmen und einen Schnappschuß, den ein Amateur in einem Bus gemacht hat, wo sie sich mit dem Finger genießerisch über die Lippen streicht. John Lewickis Neugier ist geweckt, er vereinbart mit ihr einen Treffpunkt im Washington Square Garden, im Herzen von Greenwich Village in New York, und verfällt, als einer der ersten, Miß Ciccones gefährlichem Charme und ihrem Charisma.

Die Dreharbeiten zu dem Film *A Certain Sacrifice* ziehen sich von Oktober 1979 bis November 1981 hin, eine ungewöhnlich lange Zeit, die sich durch seine wacklige Finanzierung erklärt; Lewicki dreht in Super-8, erfindet das Dreh-

buch, wie sich's gerade ergibt, wenn er ein bißchen Geld auftreibt, um das Projekt voranzubringen. Madonna ist übrigens die einzige, die in diesem Film bezahlt wird: In dem Bewußtsein, die Hauptrolle zu spielen, verlangt sie eine Gage und bekommt ganze hundert Dollar ... Angie Smit, ihre damalige Kollegin im Breakfast Club, spielt ebenfalls in dem Film mit, neben all den Außenseitern, Debütanten und Kumpels, die sich auf solch ein Unternehmen einlassen.

Der Film *A Certain Sacrifice* liegt jahrelang auf Eis, und das wäre heute noch so, wenn seine Hauptdarstellerin nicht international in ihrem Wert enorm gestiegen wäre. Erst sehr viel später, 1985, erscheint der Film wieder auf der Bildfläche; er wird als Videokassette vertrieben, mit einem Foto, das die Madonna des Jahres 1985, den blonden Superstar, zeigt, und mit dem verlogenen Slogan: »Madonna – der Film, der ihre Karriere ruinieren könnte«. Ein gängiges Verfahren. Auch Sylvester Stallone hat etwas Ähnliches erlebt, als er auf dem Höhepunkt seines Ruhms von dem Video eines Pornofilms erfuhr, den er in den mageren Zeiten seiner Anfänge gedreht hatte. In Madonnas Fall ist die Schurkerei noch offensichtlicher, weil dieser Film in keiner Weise pornographisch ist, obwohl man ihn so dargestellt hat.

A Certain Sacrifice ist das typische Beispiel für einen Avantgarde-Film: improvisiert, konfus, symbolträchtig und zufällig. Madonna spielt darin die Rolle der Rhonda, eines liederlichen Mädchens, das über eine Schar von Liebhabern gebietet. Das ziemlich unzusammenhängende Drehbuch sieht tatsächlich einige »spezielle« Szenen vor, eine Orgienszene, in der Madonna ihre Brust entblößt, eine Vergewaltigungsszene und ein Menschenopfer unter der Brooklyn Bridge, alles eher angedeutet als wirklich gezeigt. Da der Skandal als Kaufanreiz überhaupt nicht gewirkt hat, ist die Kassette bald in die Sonderangebotsecken der Videotheken geräumt worden. Anfang 1984, als Madonna bereits vom Glorienschein des beginnenden Erfolges umgeben ist, nimmt sie die abgedroschene Rolle der Nachtclubsängerin in *Vision Quest* von Harold Becker an. Sie singt drei Lieder, von denen nur zwei den Schnitt überleben, und außerdem erscheint sie in dem Film nur für ein paar Sekunden. Die Lieder dagegen haben großen Erfolg: »Gambler« und »Crazy For You« (unter diesem Titel kommt der Film in England heraus) kommen gleichzeitig mit den Songs von *Like a Virgin* in die Hitparaden.

Madonnas erster »richtiger« Film wird in New Jersey und im East Village von New York von September bis November 1984 gedreht. *Desperately Seeking Susan* ist bis heute ihr größter Erfolg bei Kritik und Publikum geblieben. Susan Seidelman, die Regisseurin, hatte mit *Smithereens* von sich reden gemacht, einem dem New Yorker Rock-Underground ebenfalls sehr »vertrauten« Film. *Susan* ist ihr erster großer Film mit großem Budget. Während der Lektüre des Drehbuchs von Leona Barish – noch eine Frau – hatte Susan Seidelman bereits die Rollen verteilt. Rosanna Arquette sollte die Hauptrolle spielen, und Madonna, deren Wert in den einschlägigen Kreisen bereits stieg, entsprach genau der abenteuerlichen Außenseiterfigur, die der Motor der Geschichte ist. Mit Aidan Quinn und Robert Joy waren die männlichen Rollen bereits besetzt. Sie geben den Hintergrund für die beiden Frauen ab, die das Schicksal zwingt, ihre Persönlichkeiten auszutauschen: Roberta, die kleine, verträumte Bürgerin, und Susan, die Außenseiterin, die mit Rockern und kleinen Ganoven in einer anrüchigen und geheimnisvollen Welt verkehrt, die Roberta gegen ihren Willen in den Abgrund reißen wird.

Roberta/Rosanna und Susan/Madonna sollten die besten Freundinnen der Welt werden, der Film paßt perfekt zu ihrem jeweiligen Temperament. Madonna bringt viel von ihrer eigenen Persönlichkeit in Susan ein: ihre Gestalt und ihre Kleidung, die im Drehbuch eine Schlüsselfunktion haben, ihr Benehmen und ihre Ausdrücke. Die Rolle ist wie für sie gemacht, und so schnell wird sie keine mehr von dieser Qualität finden. 1985, am Ende des Festivals von Cannes vorgeführt, erntet *Susan, verzweifelt gesucht* allgemeinen Beifall. Der Film wird ein Erfolg auf der ganzen Linie und stellt für lange Zeit eine Garantie für die Fähigkeiten der Sängerin als Komödiantin dar.

Ihre nächste Erfahrung wird fast ein Desaster. Wir haben bereits die Schwierigkeiten erwähnt, die Madonna bei den Dreharbeiten zu *Shanghai Surprise* hatte. Da man ihr vorgeworfen hat, in *Susan* eine Figur gespielt zu haben, die ihr selbst zu ähnlich war, will sie mit der Gloria Tatlock, einer etwas verklemmten Missionarin im Shanghai von 1937, diesmal ihr Gegenteil verkörpern. Der Film wollte zur Magie der leichten Abenteuerfilme der Vorkriegszeit zurückfinden, aber die Reinkarnation des Paares Bogart/Bacall durch Penn/

Madonna ist völlig mißlungen. Das Drehbuch hält nicht, was es verspricht, der Rhythmus ist abgehackt, die Handlung wirr und das Ergebnis miserabel. Der Film wird zum künstlerischen und finanziellen Mißerfolg. Er kommt 1986 in die Kinos und bleibt kaum ein paar Wochen im Programm. Madonna bekommt für ihre Darstellung die »Goldene Himbeere«, die der schlechtesten Schauspielerin des Jahres vorbehalten ist; von Jim Goddard, ihrem Regisseur, hat man nichts mehr gehört.

Einige Monate später distanziert sich Madonna von dem Film, an den sie so geglaubt hat, indem sie zugibt: *»Das Beste an* Shanghai Surprise *waren die Spannungen bei den Dreharbeiten!«* Diese erbärmliche Erfahrung sollte keineswegs Madonnas Wunsch erschüttern, sich beim Film durchzusetzen. Es dauert nicht lange, bis sie sich bei einem neuen Projekt engagiert. Diesmal soll ein Freund, James Foley, der Regisseur einiger ihrer Clips (er bekommt einen Preis für »Papa Don't Preach«), in einer neuen Komödie Regie führen, die wieder einmal in New York spielt. Der Film, der zunächst den Titel »Slammers« trägt, zeigt eine Madonna, die wieder ihrer wahren Persönlichkeit nahekommt: lebendig, frech, ein Wirbelwind, der jeden, der in seine Nähe kommt, in eine Flut von Ärger hineinreißt. Sie verkörpert Nikki Finn, eine kleine Punkerin, die aus dem Gefängnis kommt, in das sie unschuldig hineingeraten ist, und einen jungen Anwalt, gespielt von Griffin Dunne, in pikante und wilde Abenteuer hineinzieht, die seinem sonstigen Lebensstil genau entgegengesetzt sind. Der Film behandelt voll Leichtigkeit und Schwung ein Thema, das in den achtziger Jahren sehr beliebt ist: der Zusammenprall eines ruhigen jungen Mannes mit einer echten Außenseiterin, die ihn aus seiner Zwangsjacke befreit. *Who's That Girl* (ein großartiger Titel) kommt 1987 in die Kinos, wird aber kein besonderer Erfolg. Die Kritiker reagieren verhalten, das Publikum mäßig. In Frankreich ist er allerdings recht erfolgreich: aufgrund der Madonnamanie, die nach ihrem Konzert einsetzt, und weil die Lieder in dem Film gut

ankommen. 1989 führt Madonnas Weg wieder in die Filmstudios, und zwar mit einer Hollywood-Superproduktion, denn Warren Beatty, der kalifornische Goldjunge, führt in *Dick Tracy,* der Bearbeitung des berühmten klassischen Polizei-Comics, Regie und spielt auch selbst mit. Sie verkörpert Breathless Mahoney, eine Nachtclubsängerin, die sich in Dick Tracy verliebt. Zum ersten Mal spielt sie damit eine zweifelhafte Figur.

Inzwischen steht Madonna in den Medien an so exponierter Stelle, daß das kleinste, auch nur angedeutete Projekt sofort als endgültig beschlossene Sache gilt. So sind verschiedene Filme im Gespräch: »She's Da Lovely«, in dem Madonna und Sean Penn die Hauptrollen hätten spielen sollen, was heute undenkbar wäre! »Triumph«, ein Film, in dem sie ein Naziopfer in Auschwitz spielen sollte, zusammen mit William Dafoe. »Evita«, eine Filmversion der musikalischen Komödie von Andrew Lloyd Webber über das Leben Evita Perons. Madonna soll fünf Millionen Dollar für die Rolle verlangt haben; wie es aussieht, ist das Projekt dann mit Meryl Streep verwirklicht worden. »Angel Flight«, ein romantischer Kriminalfilm, der in einem Zug spielt. Es war auch ein Film im Gespräch, in dem Madonna die Rolle der Maria Callas spielen sollte, unter der Regie von Ken Russell. Und auch eine Fernsehserie über das Leben von Marilyn Monroe. Was die Remakes betrifft, so nimmt hoffentlich niemand ernst, daß Madonna in Neuverfilmungen die Rollen von Marlene Dietrich in *Der Blaue Engel* oder von Brigitte Bardot in *Und Gott erschuf die Frau* übernehmen sollte! *Velocity* dagegen könnte durchaus in nächster Zeit verwirklicht werden. Die Autorin der Geschichte, Kristin McCloy, hat enthüllt, daß sie beim Schreiben ein Foto des Dalai-Lama und vor allem eins von Madonna auf dem Schreibtisch stehen hatte. Es geht um die Geschichte einer Frau, deren Mutter gestorben ist und die versucht, eine Beziehung mit ihrem Vater zu leben. Die Sängerin, deren eigene Geschichte dem in etwa entspricht, soll den Wunsch geäußert haben, die Rechte für das Buch zu erwerben.

So wie Madonna weiterhin am Firmament der Popmusik strahlen wird, so kann man mit Sicherheit annehmen, daß man ihren Namen auch auf Filmplakaten lesen wird. Vielleicht, wer weiß, startet sie hier sogar eine zweite richtige Karriere.

Madonna neunzig

Madonna hat inzwischen mehr als sechzig Millionen Langspielplatten in der ganzen Welt verkauft. Auch die Verkaufszahlen ihrer Singles sind beeindruckend. In den Vereinigten Staaten hat sie inzwischen die Beatles überflügelt: Sie hat mehr Titel an die Spitze der Charts gebracht als die glorreichen vier, und wenn sie so weitermacht, dürfte sie eines Tages an den von Elvis Presley gehaltenen Rekord herankommen. Wenn ihr Erfolg im Bereich des Films auch sehr viel weniger offenkundig ist, so hat sie doch ihren Namen und ihre Persönlichkeit in Hollywood behaupten können.

Das kleine Mädchen aus Bay City, Michigan, wollte sehr früh ein Star werden, was im übrigen nicht sehr originell ist. Das Einzigartige daran ist, daß ihr Wille, ihre Entschiedenheit und ihr Glück, ihre Anziehungskraft und das Magische an ihr dafür gesorgt haben, daß ihr Traum in kürzester Zeit Wirklichkeit wurde.

Mit einem ganz gewöhnlichen Äußeren ist sie zum Sexsymbol geworden. Mit einer angenehmen, aber nicht besonders ausgeprägten Stimme ist sie die Sängerin geworden, die das vergangene Jahrzehnt symbolisiert. Nicht umsonst ist sie scharenweise von Pin-up-Girls, die von geldgierigen Produzenten ausgenutzt wurden, schamlos imitiert worden, weil alle ein Stück vom Kuchen abhaben wollten. Mit ihrer instinktiven Art, sich zu kleiden, hat sie eine Reihe von Looks durchgesetzt, die von den Jugendlichen in aller Welt nachgeahmt wurden.

Elvis Presley hat den Optimismus der fünfziger Jahre ausgedrückt, die Beatles haben die Zweifel der sechziger Jahre auf den Punkt gebracht, die Sex Pistols haben die trübsinnige Beschaulichkeit der siebziger Jahre über den Haufen geworfen, indem sie die Revolution der Punker eingeläutet haben; Madonna dagegen verkörpert das Bild der achtziger Jahre, der Jahre des individuellen Erfolgs und der persönlichen

Kraft, die man in wenigen Worten zusammenfassen kann: Gesundheit, Sexualität, Fernsehen, weltweiter Ruhm und Geld.

Ein fehlerfreier Parcours, ein schulmäßiger Ablauf. Eine Referenz. Und all das stützt sich auf die leichte, kommerzielle »dance music«, ein ideales »cross-over« zwischen schwarzem und weißem Feeling. Wenn man heute über den künstlerischen Wert der amerikanischen Sängerin auch streiten kann, so kann man ihr jedoch nicht eine wertvolle Persönlichkeit, Intuition und Ehrlichkeit absprechen. Madonna hat sich selbst gemacht, sie hat es verstanden, aus ihren Begegnungen mit anderen den Antrieb für ihr ganz persönliches Vorwärtskommen zu gewinnen, aber sie war nie das Objekt des Showbusineß.

Zu Beginn der neunziger Jahre reitet sie schon wieder ganz oben auf der Welle des Weltruhms. Man kann sich, gemeinsam mit ihr, danach fragen, wie es weitergehen wird. Sie hat immer eine derartige Schaffenswut bewiesen, daß man sicher auch noch im neuen Jahrzehnt mit ihr rechnen kann. Vielleicht verlegt sie den Akzent noch mehr auf den Film, wobei sie sich im Vorübergehen vielleicht in der Regie, der Produktion oder sogar im Schreiben versuchen wird. Im Bereich der Musik wird der Weg, den sie erst vor kurzem mit *Like a Prayer* eingeschlagen hat, bestimmt durch eine zukünftige Sammlung von noch wichtigeren Platten fortgeführt werden. Nachdem sie uns den ganzen Sommer lang zum Tanzen gebracht hat, kann man, ohne daß sie dieses Credo verleugnen müßte, noch reifere Lieder, ernsthaftere »messages« erwarten. Wer wollte bezweifeln, daß Madonna, selbst auf das Risiko hin, ihre Stellung als Star zu gefährden, etwas zu *sagen* hat?

Diskographie

MADONNA (1983)
WEA 92-3867-1
Seite 1: »Lucky Star« (Madonna), »Borderline« (Reggie Lucas), »Burning Up« (Madonna), »I Know It« (Madonna).
Seite 2: »Holiday« (Curtis Hudson/Lisa Stevens), »Think of Me« (Madonna), »Physical Attraction« (Reggie Lucas), »Everybody« (Madonna).
Produziert von Reggie Lucas. Außer: »Everybody«, produziert von Mark Kammins, »Holiday«, produziert von Jellybean Benitez. »Lucky Star«, »Burning Up« und »Physical Attraction« remixed von Jellybean Benitez.

Das Album ist Ende 1983 in den Vereinigten Staaten erschienen. 1985, als der Erfolg der Sängerin sich bereits gefestigt hat, kommt es mit neuem, farbigem Cover und dem verlängerten Titel »The First Album« neu heraus. Es ist auf alle Fälle das erste Album einer beeindruckenden Reihe von Hit-Auskoppelungen: »Everybody«, »Lucky Star«, »Burning Up«, »Borderline« und »Holiday«, je nach Land in verschiedener Reihenfolge. Es verkauft sich allein in den USA mehr als vier Millionen Exemplare mal.
Von dieser ersten Langspielplatte an ist Madonnas Stil festgelegt: anspruchslose »dance music«; der Hauptakzent liegt auf der Wirkung und auf einem »very black feeling«.

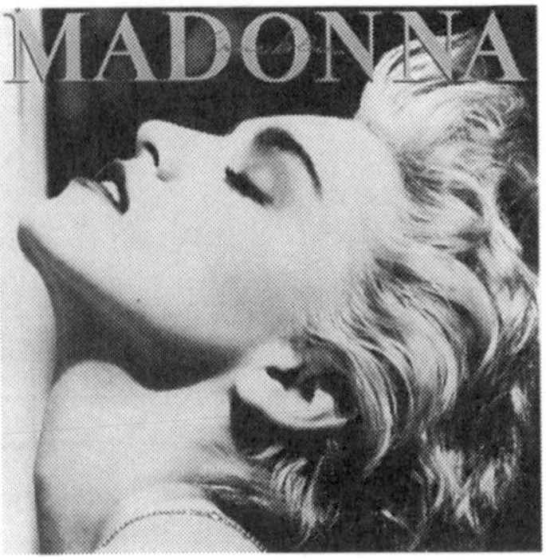

LIKE A VIRGIN (1984)
WEA 92-5157-1
Seite 1: »Material Girl« (Peter Brown/Robert Rans), »Angel« (Madonna/Steve Bray), »Like a Virgin« (Billy Steinberg/Tom Kelly), »Over and Over« (Madonna/Steve Bray), »Love Don't Live Here Any More« (Miles Gregory).
Seite 2: »Dress You Up« (Peggy Stanziale/Andra La Russo), »Shoo-Bee-Doo« (Madonna), »Pretender« (Madonna/Steve Bray), »Stay« (Madonna/Steve Bray).
Produziert von Nile Rodgers.

Like a Virgin kommt Ende 1984 heraus und wird sofort ein Album der Rekorde. Steve Bray, der alte Freund aus Michigan, ist mit Madonna wieder zum Komponisten geworden, aber man findet daneben noch eine Anzahl anderer Autoren und Komponisten. Die unverwechselbare Handschrift von Nile Rodgers hat diesen Songs unterschiedlicher Herkunft ein einzigartiges Temperament verliehen. Die Platte bietet mehr Pop, ist offen für Balladen und dennoch gut zum Tanzen geeignet, und ihr Erfolg in den Diskotheken ist dank zahlreicher, neugemischter Maxis ebenso groß wie in den Pop-Charts. Die meisten Songs daraus erscheinen als Single: »Dress You Up«, »Like a Virgin«, »Material Girl« und »Angel«. »Into the Groove« findet sich nicht auf der ersten Fassung des Albums. Es wird erst bei späteren Neuauflagen hinzugenommen, wegen seines Erfolgs als Single. Dagegen kommen »Gambler« und »Crazy For You«, die damals ebenfalls Erfolgs-Singles sind, nicht darauf vor. Sie sind von einer anderen Plattenfirma, Geffen/CBS, herausge-

bracht worden, die die Rechte auf das Originalband des Films *Vision Quest* hatte, aus dem sie entnommen sind.
Like a Virgin ist in den USA sechs Millionen mal verkauft worden. Insgesamt wurde es Madonnas vielleicht wichtigstes Album, weil es sie erstmals in der ganzen Welt bekannt gemacht hat; weltweit 15 Millionen mal verkauft.

TRUE BLUE (1986)
WEA 92-5442-1
Seite 1: »Papa Don't Preach« (Brian Elliott/Madonna), »Open Your Heart« (Madonna/Gardner Cole/Peter Rafelson), »White Heat« (Madonna/Pat Leonard), »Live to Tell« (Madonna/Pat Leonard).
Seite 2: »Where's the Party« (Madonna/Steve Bray/Pat Leonard), »True Blue« (Madonna/Steve Bray), »La Isla Bonita« (Madonna/Pat Leonard/Bruce Gaitsch), »Jimmy Jimmy« (Madonna/Steve Bray), »Love Makes the World Go Round« (Madonna/Pat Leonard).
Produziert von Madonna, Pat Leonard, Steve Bray.

True Blue, Madonnas drittes Album, ist bis heute die Platte, die alle Rekorde gebrochen hat. Es ist in mehr als zwanzig Millionen Exemplaren in aller Welt verkauft worden, fünf Millionen davon in den USA. Die Singles, aus denen es zusammengesetzt ist, nehmen in allen Ländern der Welt ununterbrochen die ersten Plätze in den Hitparaden ein. »Live to Tell«, »Papa Don't Preach«, »True Blue«, »Open Your Heart«, »La Isla Bonita« – nicht weniger als fünf Singles nacheinander.
Ein üppiges, reifes Album; Madonna hält sich jetzt für erfahren genug, um ihre Platten selbst zu produzieren, eine Arbeit, die sie immer mit Steve Bray und Pat Leonard zusammen macht; das Team ist bis heute unverändert geblieben.

WHO'S THAT GIRL (1987)
WEA 92-5611-1
Seite 1: »Who's That Girl« (Madonna/Pat Leonard), gesungen von Madonna, produziert von Madonna und Leonard, »Causing a Commotion« (Madonna/Steve Bray), gesungen von Madonna, produziert von Madonna und Steve Bray, »The Look of Love« (Madonna/Pat Leonard), gesungen von Madonna, produziert von Ma-

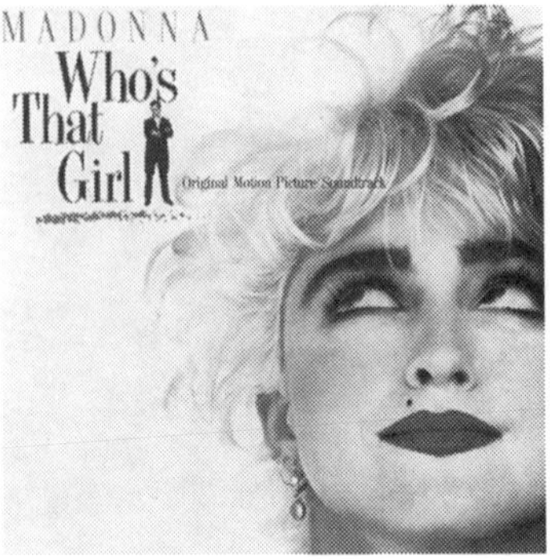

donna und Pat Leonard, »24 Hours«, gesungen von Duncan Faure, »Step by Step«, gesungen von Club Nouveau.
Seite 2: »Turn It Up«, gesungen von Michael Davidson, »Best Thing Ever«, gesungen von Scritti Politti, »Can't Stop« (Madonna/Steve Bray), gesungen von Madonna, produziert von Madonna und Steve Bray, »El Loco Loco«, gesungen von Coati Mundi.

Das Originalband von Madonnas drittem Film wird von mehreren Künstlern erbracht, aber Madonna hat mit vier Songs den Löwenanteil daran. Ihr Gesicht und ihr Name in Großbuchstaben zieren das Cover, und auch die Schallplatte wird von allen als die »halbneue« Platte der Sängerin betrachtet. Sie verkauft sich eine Million mal in den USA. Das Album folgt auf die triumphale Welttournee und liefert weiterhin Hits für die Weltcharts, denn nacheinander werden davon »Who's That Girl«, »Causing a Commotion« (außer in Frankreich, wo dieser Titel nicht erscheint) und »The Look of Love« ausgekoppelt.

YOU CAN DANCE (1987)
WEA 92-5535-1
Seite 1: »Spotlight« (Madonna/Steve Bray/Curtis Hudson), produziert von Steve Bray, remixed von Jellybean; »Holiday« (Curtis Hudson/Lisa Stevens), produziert und remixed von Jellybean; »Everybody« (Madonna), produziert von Mark Kammins, remixed von Bruce Forrest und Frank Heller; »Physical Attraction« (Reggie Lucas), produziert von Reggie Lucas.
Seite 2: »Over and Over« (Madonna/Steve Bray), produziert von

Nile Rodgers, remixed von Steve Thomson und Michael Barbiero; »Into the Groove« (Madonna/Steve Bray), produziert von Madonna und Steve Bray, remixed von Shep Pettibone und The Latin Rascals; »Where's the Party« (Madonna/Steve Bray/Pat Leonard), produziert von Madonna, Steve Bray und Pat Leonard, remixed von Shep Pettibone.

Noch ein nicht wirklich neues Album, da *You Can Dance* außer dem unveröffentlichten »Spotlight« lediglich verlängerte, aneinandergereihte und neugemischte Versionen der bereits aufgenommenen Hits darstellt. Ein wahres Glück für die Diskjockeys, aber ein Schlag ins Wasser für die Fans, die nach neuem Material verlangen. *You Can Dance* verkauft sich trotzdem blendend.

LIKE A PRAYER (1989)
WEA 92-5844-1
Seite 1: »Like a Prayer« (Madonna/Pat Leonard), »Express Yourself« (Madonna/Steve Bray), »Love Song« (Madonna/Prince), »Till Death Do Us Part« (Madonna/Pat Leonard), »Promise to Try« (Madonna/Pat Leonard).
Seite 2: »Cherish« (Madonna/Pat Leonard), »Dear Jessie« (Madonna/Pat Leonard), »Oh Father« (Madonna/Pat Leonard), »Keep It Together« (Madonna/Steve Bray), »Spanish Eyes« (Madonna/Pat Leonard), »Act of Contrition« (Madonna/Pat Leonard).
Produziert von Madonna, Pat Leonard, Steve Bray und Prince.

Nachdem 1988 keine neue Platte von Madonna erschienen ist, ist dies ihr »echtes« viertes Album. Eine vielseitige, reichhaltige Platte, die vom Willen nach einer Neuorientierung kündet. Ohne deswegen den Aspekt »Tanz« zu vernachlässigen, geht Madonna in Richtung persönlicherer Kompositionen. Das Duo mit Prince war schon seit ein paar Jahren erwartet worden; es ist zum Teil in den Paysley Park Studios von Prince aufgenommen und dann von Madonna in Los Angeles fertiggestellt worden. Innerhalb von drei Monaten sollte *Like a Prayer* allen, die die Ära Madonna für passé hielten, unrecht geben: drei Millionen verkaufte Exemplare allein in den USA.

Die Singles*

»Everybody«/»Everybody« (instrumental)
»Burning Up«/»Physical Attraction«
»Holiday«/»I Know It«
»Lika a Virgin«/»Stay«
»Material Girl«/»Pretender«
»Into the Groove«/»Shoo-Bee-Doo«
»Crazy For You«/»I'll Fall in Love Again« (von Sammy Haggar)
»Dress You Up«/»Shoo-Bee-Doo«
»Gambler«/»Nature of the Beach« (von Black'n'Blue)
»Live to Tell«/»Live to Tell« (instrumental)
»Papa Don't Preach«/»Ain't No Big Deal« (unveröffentlicht)
»True Blue«/»Holiday«
»Open Your Heart«/»White Heat«
»La Isla Bonita«/»La Isla Bonita«
»Who's That Girl«/»White Heat«
»The Look of Love«/»I know it«
»Like A Prayer«/»Act of Contrition«

* Remix-Versionen und Sonderveröffentlichungen sind nicht enthalten.

Videographie

Die wichtigsten Arbeiten Madonnas während der achtziger Jahre stehen auf Videokassetten zur Verfügung. Die Filme *A Certain Sacrifice, Susan, verzweifelt gesucht, Shanghai Surprise, Who's That Girl* und *Dick Tracy* sind inzwischen in Videotheken erhältlich.
Es gibt auch zwei Konzert-Mitschnitte, zuverlässige Zeugnisse von Madonnas beiden Tourneen.

MADONNA LIVE »THE VIRGIN TOUR«
herausgegeben von Warner Music Video. Fünfzig Minuten der Show von 1985 mit den folgenden Titeln: »Dress You Up«, »Holiday«, »Into the Groove«, »Everybody«, »Gambler«, »Lucky Star«, »Crazy For You«, »Over and Over«, »Like a Virgin« und »Material Girl«.

CIAO ITALIA – MADONNA LIVE FROM ITALY
Herkunft verpflichtet. Das Turiner Konzert wurde zu dem Konzert ausersehen, das von der Who's-That-Girl-Tour von 1987 aufgezeichnet wurde und so im Zeitalter des Magnetbandes erhalten bleibt. Hundert Minuten, ebenfalls von Warner Music Video herausgebracht, mit den folgenden Titeln: »Open Your Heart«, »Lucky Star«, »True Blue«, »Papa Don't Preach«, »White Heat«, »Causing a Commotion«, »The Look of Love«, »Dress You Up«, »Material Girl«, »Lika a Virgin«, »Where's the Party«, »Live to Tell«, »Into the Groove«, »La Isla Bonita«, »Who's That Girl«, »Holiday«.

Filmographie

A Certain Sacrifice (Madonna in A Certain Sacrifice)
USA 1983
Regie: Stephen Jon Lewicki; *Drehbuch:* Stephen Jon Lewicki, Jeremy Pattnosh, Robert Manganard Morris; *Kamera:* Stephen Jon Lewicki; *Schnitt:* Stephen Jon Lewicki, Robert Manganard Morris; *Musik:* John D. Senior, Jo Nancy Kimmons; *Produktion:* Cine Cine Prod.; *Länge:* 62 Min.
Darsteller: Madonna (Bruna), Jeremy Pattnosh, Charles Kurtz, Kate Magill, Timmy Leight, Michael Dane, Russell O. Lome, Angie Smit, Joseph Pattnosh, Ann Pattnosh.

Crazy For You/Vision Quest (Crazy For You)
USA 1984
Regie: Harold Becker; *Drehbuch:* Darryl Ponicsan, nach einem Roman von Terry Davis; *Kamera:* Owen Roizman; *Musik:* Tangerine Dream u. a.; *Produktion:* Guber-Peters Company; *Länge:* 107 Min.
Darsteller: Matthew Modine, Linda Fiorentino, Michael Schoeffling, Ronny Cox, Harold Sylvester, Madonna (mit einem Kurzauftritt als Nachtclubsängerin).

Desperately Seeking Susan (Susan, verzweifelt gesucht)
USA 1985
Regie: Susan Seidelman; *Drehbuch:* Leona Barish; *Kamera:* Edward Lachman; *Schnitt:* Andrew Mondsheim; *Musik:* Thomas Newman; *Produktion:* Orion; *Länge:* 104 Min.
Darsteller: Rosanna Arquette, Madonna (Susan), Aidan Quinn, Mark Blum, Robert Joy.

Shanghai Surprise (Shanghai Surprise)
USA 1986
Regie: Jim Goddard; *Drehbuch:* John Kohn, Robert Bentley, nach dem Roman »Faraday's Flowers« von Tony Kenrick; *Kamera:* Ernest Vincze; *Schnitt:* Ralph Seldon; *Musik:* George Harrison, Michael Kamen; *Produktion:* Handmade/The Vista; *Länge:* 97 Min.
Darsteller: Madonna (Gloria Tatlock), Sean Penn, Paul Freeman, Richard Griffiths, Philip Sayer, Clyde Kusatsu, Kay Tong Lim u. a.

Who's That Girl (Who's That Girl)
USA 1987
Regie: James Foley; *Drehbuch:* Andrew Smith, Ken Finkleman; *Kamera:* Jan DeBont; *Schnitt:* Pembroke Herring; *Musik:* Stephen Bray; *Produktion:* Guber-Peters Company für Warner; *Länge:* 93 Min.
Darsteller: Madonna (Nikki Finn), Griffin Dunne, Haviland Morris, John Mills, John McMartin, Bibi Besch, Robert Swan, Drew Pillsbury u. a.

Dick Tracy (Dick Tracy)
USA 1990
Regie: Warren Beatty; *Drehbuch:* Jim Cash, Jack Epps jun., nach dem gleichnamigen Comic strip von Chester Gould; *Kamera:* Vittorio Storaro; *Schnitt:* Richard Marks; *Musik:* Danny Elfman; *Produktion:* Warren Beatty, Silver Screen; *Länge:* 114 Min.
Darsteller: Warren Beatty, Charles Durning, Dustin Hoffman, Al Pacino, Madonna (Breathless Mahoney), Dick van Dyke, James Caan u. a.

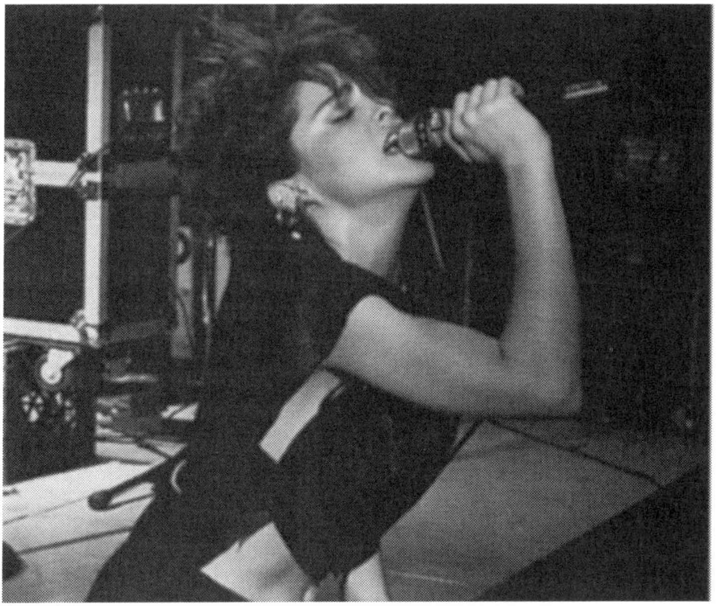

In Bed With Madonna
USA 1991
Regie: Alek Keshishian; *Kamera:* Robert Leacock, Doug Nichol, Christophe Lanzenberg, Marc Reshovsky, Daniel Pearl, Toby Phillips; *Schnitt:* Barry Alexander Brown, John Murray; *Produktion:* Propaganda Films/Boy Toy Production; *Länge:* 115 Min.
Vocals/Dancers: Madonna, Donna Delory, Niko Harris, Luis Camacho, Oliver Crumes, Salim Gauwloos, José Guitierez, Kevin Stea, Gabriel Trupin, Carlton Wilborn.

HEYNE BÜCHER

HEYNE FILMBIBLIOTHEK

Unvergeßliche Stars
Große Filme
Geniale Regisseure

32/126

32/122

32/133

32/120

32/135

32/103

32/128

32/129